重庆鹅公岩轨道大桥大跨径自锚式悬索桥建造关键技术丛书

Chongqing Egongyan Rail-transit Bridge —
Key Construction Technology

# 重庆鹅公岩轨道大桥施工建造关键技术

重庆市轨道交通(集团)有限公司
中国铁建投资集团有限公司

人民交通出版社股份有限公司
北京

## 内 容 提 要

本书依托重庆市轨道环线鹅公岩轨道大桥建设,介绍了大跨径自锚式悬索桥"先斜拉、后悬索"施工关键技术。内容主要包括:钢-混凝土结合围堰与索塔施工、钢箱梁制造与运输关键技术、临时斜拉结构的设计及施工情况、锚固段及锚跨段箱梁、边跨钢箱梁及中跨钢箱梁的架设技术、主缆架设施工技术、临时斜拉结构转换为悬索结构施工技术、桥梁施工过程控制技术及轨道铺设技术等。

本书对同类桥梁建设具有重要的参考价值,可供桥梁设计、制造、施工及科研人员借鉴,也可供高等学校相关专业学生学习参考。

**图书在版编目(CIP)数据**

重庆鹅公岩轨道大桥施工建造关键技术/重庆市轨道交通(集团)有限公司,中国铁建投资集团有限公司著. —北京:人民交通出版社股份有限公司,2021.9
ISBN 978-7-114-17435-3

Ⅰ.①重… Ⅱ.①重… ②中… Ⅲ.①铁路桥—悬索桥—桥梁施工—重庆 Ⅳ.①U448.13

中国版本图书馆 CIP 数据核字(2021)第 125740 号

重庆鹅公岩轨道大桥大跨径自锚式悬索桥建造关键技术丛书
Chongqing Egongyan Guidao Daqiao Shigong Jianzao Guanjian Jishu

| | |
|---|---|
| 书　名: | 重庆鹅公岩轨道大桥施工建造关键技术 |
| 著 作 者: | 重庆市轨道交通(集团)有限公司<br>中国铁建投资集团有限公司 |
| 责任编辑: | 牛家鸣　朱伟康 |
| 责任校对: | 孙国靖　宋佳时 |
| 责任印制: | 张　凯 |
| 出版发行: | 人民交通出版社股份有限公司 |
| 地　　址: | (100011)北京市朝阳区安定门外外馆斜街 3 号 |
| 网　　址: | http://www.ccpcl.com.cn |
| 销售电话: | (010)59757973 |
| 总 经 销: | 人民交通出版社股份有限公司发行部 |
| 经　销: | 各地新华书店 |
| 印　　刷: | 北京市密东印刷有限公司 |
| 开　　本: | 787×1092　1/16 |
| 印　　张: | 11.25 |
| 字　　数: | 194 千 |
| 版　　次: | 2021 年 9 月　第 1 版 |
| 印　　次: | 2021 年 9 月　第 1 次印刷 |
| 书　　号: | ISBN 978-7-114-17435-3 |
| 定　　价: | 55.00 元 |

(有印刷、装订质量问题的图书由本公司负责调换)

# 重庆鹅公岩轨道大桥大跨径自锚式悬索桥建造关键技术丛书

## 编审委员会

顾　　问：包叙定　周新六　邵长宇　蒋中贵　向中富

主　　任：吴　波　王　峙　周建庭

副 主 任：乐　梅　董文斌　马　虎　林　莉　李新民

委　　员：(委员按姓氏笔画排名)

　　　　　王学民　王朝鹏　毛东晖　付铁军　冯文丹

　　　　　任化庆　宋伟俊　张宇川　段玉顺　高俊宏

　　　　　程　波　臧　瑜

# 《重庆鹅公岩轨道大桥施工建造关键技术》
# 编写委员会

主　　任：付铁军　张广涛

副 主 任：高俊宏　高学文　程　波　裴　野　尤志浩
　　　　　刘　志　秦洪飞

委　　员：(委员按姓氏笔画排名)
　　　　　丁哲臻　王　必　王肖飞　王　岳　王　恒
　　　　　王　贺　王朝志　王　森　王　豪　王　赛
　　　　　占　波　田　力　史志伟　同江鹏　刘川川
　　　　　刘永丹　许　涛　孙东超　孙成利　孙雪坤
　　　　　李　科　李海洋　邱　洋　何　巍　余永生
　　　　　邹洪斌　宋　喆　张兴洪　张新山　陈可华
　　　　　周祯淳　郁培东　庞国文　赵　江　赵昱丞
　　　　　胡净修　段向虎　禹富偲　姜　驿　秦雅彬
　　　　　贾立民　徐立明　高明慧　高　磊　郭　辉
　　　　　黄海东　龚彦铭　景　卫　慕长洪　潘　玉
　　　　　戴建国

特邀委员：宋伟俊　沙权贤　龚国锋　曲江峰　孙长志
　　　　　陈延军　胡　俊

# 序 Xu

我国正在从交通大国向交通强国迈进，对交通建设提出了更高的要求。重庆市轨道交通环线的建设是这一历史背景下的必然，它作为重庆轨道交通的主骨架，连接了城市主要客流集散点，对于解决城市拥堵，实现都市1小时通勤，满足人民对日益增长的美好生活需要意义非凡。鹅公岩轨道大桥是轨道交通环线跨越长江的重要控制性节点工程，对于构建便捷顺畅的城市交通网意义重大。

鹅公岩轨道大桥位于既有鹅公岩大桥上游，连接九龙坡区和南岸区，对满足重庆市未来交通发展需求和实现畅通重庆的发展目标具有重要意义。综合社会价值以及经济价值考量，自锚式悬索桥方案从自锚式悬索-斜拉组合桥、斜拉桥以及钢桁架梁桥中最终胜出，其主桥的桥跨布置为 50m + 210m + 600m + 210m + 50m = 1120m，为五跨连续双塔双索面自锚式悬索桥。该桥的顺利建成，使得自锚式悬索桥的主跨跨径从406m跃升至600m，成为世界上最大跨径的自锚式悬索桥和最大跨径的轨道专用悬索桥，充分体现了我国悬索桥建设的水平。

对于600m级的自锚式悬索桥，世界上尚无建设的先例，其诞生历程中的调研、设计、施工、管理、技术等都面临无例可循的难题，也给设计、施工以及管理等带来了新的挑战，它的建设过程同时也是开发和验证的过程。为保证大桥的顺利建成，依托本桥的工程实践，建设业主联合设计团队和多家高等院校、著名科研机构进行了诸如承受超大轴压力的主梁设计、"先斜拉后悬索"的体系转换设计等11项科研研究，为设计和施工等工作提供了有力的技术支撑。设计方面，综合考虑列车运行安全性和舒适性、材料特性、锚固构造等因素，实现了桥梁刚度、主梁、主缆的最优设计，刷新了同类型桥梁世界之最；施工方面，国内外首次安全、高效地完成了工艺复杂、技术含量高、施工难度大、施工风险高的特大跨径悬索桥"先斜拉、后悬索"施工，实现了诸如主缆锚固段混凝土梁带载自动可滑移支架、斜拉扣挂法施工主跨钢箱加劲梁的技术与工法创新；管理方面，形成了高效的管理团队，在项目前期建设手续办理、方案优化、设计配合、技术管理、征地拆迁、合同履约管理、进度管控等方面成效显著,在预计的工期内顺利实现了大桥通车。

丛书共分为4册。《重庆鹅公岩轨道大桥建设管理实践》归纳总结了大桥建造过程中的管理经验,详细阐述了大桥建设过程中各参与方对于质量、安全、进度、环保等方面的管理职责、机构、目标、细则以及措施。《重庆鹅公岩轨道大桥勘察设计理论与实践》详述了方案的比较和选择、技术标准的研究和确定、主桥结构的设计与分析、施工用临时塔和临时拉索的设计、轨道结构以及其他结构的设计和结构分析等内容。《重庆鹅公岩轨道大桥科研创新研究与应用》主要讲述了车桥耦合分析、钢混结合段及主缆锚固段试验研究、体系转换研究、钢梁及吊杆疲劳分析、先斜拉后悬索施工关键技术研究等11项科研成果以及相应成果在大桥建设过程中的具体应用。《重庆鹅公岩轨道大桥施工建造关键技术》系统介绍了自锚式悬索桥"先斜拉、后悬索"施工技术,包括钢-混凝土结合围堰与索塔施工、临时斜拉结构施工、锚固段及锚跨段箱梁结构施工、主缆架设施工、临时斜拉结构转换为悬索结构施工、施工过程控制等内容。

鹅公岩轨道大桥在建设管理、勘察设计、施工、科研、运营等方面都取得了可喜成绩,形成了具有自主知识产权的自锚式悬索桥设计与施工成套技术,取得了一系列创新性成果,填补了国内自锚式悬索轨道桥建造技术空白,为后续同类型桥梁的建设提供了重要参考的依据和经验。大桥高超的建造水平和一流的建设质量是中国制造向中国创造转变的又一例证,也是我国向交通强国道路迈进的坚实一步。

2021年1月

# 前言 Qianyan

重庆鹅公岩轨道大桥采用主跨600m的自锚式悬索桥,是结合地理环境并考虑安全、技术、景观等因素的综合选择。它是迄今为止世界上最大跨径的自锚式悬索桥,也是世界上最大跨径的轨道专用悬索桥,同时,也因为缺乏既有工程施工经验借鉴而给施工带来了新的挑战。

鹅公岩轨道大桥不仅跨径世界第一,同时跨越长江,常规的支架法、顶推法等难以实施,架设方式受到极大限制。施工中,开创性地采用了"先斜拉、后悬索"施工方法,即先利用悬索桥索塔设置临时桥塔,其次借助临时桥塔架设加劲梁并形成临时斜拉结构,然后架设悬索桥主缆,再通过安装悬索桥吊杆和拆除临时斜拉结构拉索,实现体系转换,成功解决了在长江上建造大跨径自锚式悬索桥的技术难题。同时,对边跨钢箱梁加劲梁高位顶推滑移、斜拉扣挂法施工主跨钢箱加劲梁、斜拉-悬索体系转换技术等关键技术开展深入研究,实现了技术创新和突破。

本书作为"重庆鹅公岩轨道大桥大跨径自锚式悬索桥建造关键技术丛书"之一,主要介绍大跨径自锚式悬索桥施工关键技术,旨在为桥梁工程技术人员提供新的大跨径自锚式悬索桥施工技术借鉴,为同类桥梁建设提供参考。本书各章节均由参与本桥施工管理的技术人员编写,具体的编撰人员详见编写委员会名单。本书由付铁军、张广涛任主编,高俊宏、高学文、裴野、尤志浩、秦洪飞负责统稿,编审委员会及宋伟俊、沙权贤、龚国锋、曲江峰、孙长志、陈延军、胡俊负责主审。

本书各章节均由参与本桥施工管理的技术人员编写,具体的编撰人员详见编写委员会名单。本书由付铁军、张广涛任主编,高俊宏、高学文、裴野、尤志浩、秦洪飞负责统稿,编审委员会及宋伟俊、沙权贤、龚国锋、曲江峰、孙长志、陈延军、胡俊负责主审。

由于作者水平有限,书中错漏在所难免,恳请读者斧正。借此机会向为鹅公岩轨道大桥施工以及为本书编写提供支持的单位和个人表示衷心感谢!

作 者

2021年1月

# 目录 Mulu

- 第1章 概述 ··· 001
  - 1.1 鹅公岩轨道大桥设计与施工特点 ··· 001
  - 1.2 鹅公岩轨道大桥施工总体布置与流程 ··· 003
  - 1.3 鹅公岩轨道大桥施工技术创新 ··· 006
- 第2章 钢-混凝土结合围堰与索塔施工 ··· 012
  - 2.1 鹅公岩轨道大桥围堰方案 ··· 012
  - 2.2 筑岛与帷幕止水施工 ··· 012
  - 2.3 钢-混凝土结合围堰施工 ··· 013
  - 2.4 承台大体积混凝土施工 ··· 015
  - 2.5 索塔液压爬模施工 ··· 018
- 第3章 钢箱梁制造与运输 ··· 025
  - 3.1 钢箱梁构造与制造特点 ··· 025
  - 3.2 钢箱梁制造 ··· 026
  - 3.3 钢箱梁预拼装 ··· 028
  - 3.4 钢箱梁防腐涂装 ··· 029
  - 3.5 钢箱梁运输 ··· 031
- 第4章 临时斜拉结构施工 ··· 033
  - 4.1 桥梁施工临时结构布置 ··· 033
  - 4.2 临时斜拉结构设计 ··· 034
  - 4.3 临时扣塔安装 ··· 035
  - 4.4 临时斜拉索安装 ··· 040
- 第5章 锚固段及锚跨段箱梁结构施工 ··· 048
  - 5.1 锚固段及锚跨段箱梁构造 ··· 048
  - 5.2 锚固段及锚跨段箱梁施工 ··· 049
  - 5.3 锚固段混凝土浇筑 ··· 054
  - 5.4 边跨合龙段施工 ··· 056

## 第6章　边跨钢箱梁步履式顶推施工 ·········································································· 059
### 6.1　顶推施工支架 ································································································· 059
### 6.2　顶推钢导梁 ····································································································· 061
### 6.3　步履式千斤顶顶推设备及原理 ········································································ 061
### 6.4　边跨钢箱梁顶推 ····························································································· 064
### 6.5　顶推调整及控制原理 ······················································································ 071

## 第7章　中跨钢箱梁步履式起重机安装施工 ······························································ 075
### 7.1　中跨钢箱梁施工工序 ······················································································ 075
### 7.2　步履式起重机架梁 ························································································· 081
### 7.3　钢箱梁吊装架设 ····························································································· 081
### 7.4　钢箱梁架设精度及线形控制 ············································································ 085
### 7.5　钢箱梁合龙 ····································································································· 086

## 第8章　主缆架设施工 ································································································ 087
### 8.1　主缆架设方法选择 ························································································· 087
### 8.2　牵引系统及猫道架设 ······················································································ 091
### 8.3　主缆索股制作与架设 ······················································································ 098
### 8.4　主缆紧缆 ········································································································· 102
### 8.5　索夹、吊索安装 ····························································································· 104

## 第9章　临时斜拉结构转换为悬索结构施工 ······························································ 106
### 9.1　体系转换过程与步骤 ······················································································ 106
### 9.2　吊索张拉与临时斜拉索卸荷 ············································································ 108
### 9.3　主索鞍顶推 ····································································································· 113

## 第10章　施工过程控制 ······························································································ 115
### 10.1　自锚式悬索桥斜拉-悬索体系转换施工控制要点 ············································ 115
### 10.2　临时斜拉结构施工过程控制 ·········································································· 115
### 10.3　悬索结构施工过程控制 ················································································ 123
### 10.4　施工过程控制计算 ························································································ 125
### 10.5　施工监控测量 ······························································································· 127
### 10.6　施工控制实施过程及结果 ············································································ 133

## 第11章　轨道铺设 ······································································································ 135
### 11.1　隔离式减振无砟道床施工 ············································································ 135
### 11.2　上承式轨道伸缩调节器安装与检验 ······························································ 143
### 11.3　下承式轨道伸缩调节器安装与检验 ······························································ 148

11.4 钢轨焊接及无缝线路施工及控制要点 …………………………………………… 156
参考文献 ………………………………………………………………………………… 161
索引 ……………………………………………………………………………………… 163
鸣谢 ……………………………………………………………………………………… 165

# 第 1 章 概　　述

## 1.1 鹅公岩轨道大桥设计与施工特点

鹅公岩轨道大桥位于鹅公岩长江大桥上游70m，净距45m，是重庆轨道环线南环线上控制性工程。其平面布置如图1.1-1所示。

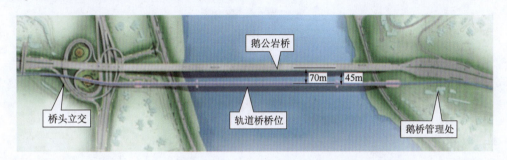

图1.1-1　重庆市轨道交通环线及鹅公岩轨道大桥桥位平面布置图

鹅公岩轨道大桥全长1650.5m（含引桥），为主跨为600m的五跨连续双塔双索面自锚式悬索桥，主桥跨径布置为50m（锚跨）+210m（边跨）+600m（主跨）+210m（边跨）+50m（锚跨）=1120m，主桥为五跨连续自锚式悬索桥。主梁采用钢箱梁，梁高4.5m，梁宽22m（含风嘴），采用六腹板断面，标准节段梁长15m。主缆矢跨比1/10，缆间距19.5m，吊杆间距15m，主缆及吊杆采用高强平行钢丝束，主缆采用1860MPa的锌铝合金镀层 $\phi$5.3mm 平行钢丝，共92股，每股127丝；吊杆采用1770MPa的锌铝合金镀层 $\phi$7mm 平行钢丝。主缆锚固段及锚跨采用预应力混凝土结构，混凝土箱梁与钢箱梁之间设钢混结合段。鹅公岩轨道大桥主桥纵向布置如图1.1-2所示。

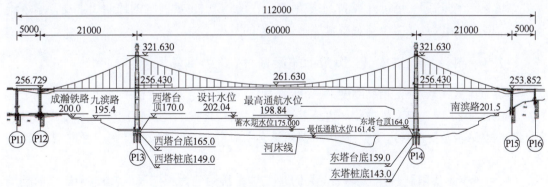

图1.1-2　鹅公岩轨道大桥主桥纵向布置图（尺寸单位：cm）

鹅公岩轨道大桥主桥桥面宽度布置为：$B = 2.25\mathrm{m}$（索区、风嘴）$+ 0.25\mathrm{m}$（栏杆）$+ 2.35\mathrm{m}$（人行道）$+ 0.9\mathrm{m}$（防撞、隔离带）$+ 10.5\mathrm{m}$（轨道限界）$+ 0.9\mathrm{m}$（防撞、隔离带）$+ 2.35\mathrm{m}$（人行道）$+ 0.25\mathrm{m}$（栏杆）$+ 2.25\mathrm{m}$（索区、风嘴）$= 22.0\mathrm{m}$。主缆间距为19.5m，吊杆为平行吊杆，为了增加主梁横向刚度，并且减小吊杆对钢梁边腹板的局部弯矩，边腹板贴近吊杆布置，主梁横断面布置如图1.1-3所示。

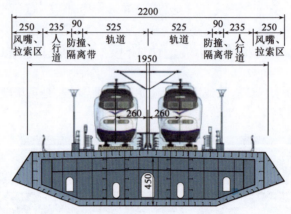

图1.1-3 主梁横断面布置图（尺寸单位：cm）

### 1.1.1 索塔基础

鹅公岩轨道大桥与既有鹅公岩长江大桥承台间净距16.1m，鹅公岩轨道大桥索塔基坑开挖深度大，且主塔基础全部在水中不能外露（含枯水期），水下开挖基坑是施工的难点；轨道大桥索塔基坑开挖过程中对鹅公岩长江大桥主塔基础的影响需要降到最低，施工方案选择、安全控制尤为重要。由于东西两主塔全部坐落在水中，枯水期不能外露，且距既有桥梁基础较近，不能采用爆破施工，需要采用筑岛围堰结合大型钢围堰，才能进行桩基、承台以及塔柱的施工，其筑岛围堰材料选择、止水方法、钢围堰的施工时间、施工方案、钢围堰形式、封底混凝土施工质量控制为本工程的重点。

### 1.1.2 索塔

索塔施工测量，即主塔沉降观测、主塔平面位置的控制、主塔高程的控制要求高。索塔施工工艺、工期控制以及混凝土外观质量控制是工程的重点。

### 1.1.3 斜拉桥钢塔安装、边跨钢箱梁顶推、跨中钢箱梁悬拼

本桥为自锚式悬索桥，箱梁刚度大、标准节段长、自重大。钢箱梁在工厂分段制造，水上运输到桥位处，用步履式起重机吊装。边跨钢箱梁通过高位顶推平台，利用步履式顶推设备多点顶推至钢混结合位置进行边跨合龙，中跨钢箱梁自主塔顶推平台边缘处向跨中悬拼，直至跨中合龙。

（1）由于受地形限制，箱梁运输、吊装难度大，即主桥两侧为长江浅滩，跨越两岸岸防挡墙及防护带、南滨路、九滨路、成渝铁路和华润二十四城主干道等，地势高差最大约95m，地势起

伏大、跨越交通干道多,除水运外无其他运输通道,因此如何解决两边跨钢箱梁的运输、吊装、实现临时斜拉桥结构是本工程的重难点。

(2) 钢箱梁跨径较大,节段较多,两岸需设置大型存梁钢平台,为吊装提供充足的材料,确保拼装质量和施工进度;顶推平台是架设钢箱梁的主要运输通道,其自身稳定性及施工安全是钢箱梁施工成败的关键点;大吨位步履式起重机的设计和使用,直接关系到钢箱梁架设进度与安全。因此钢箱梁架设的进度、难度和安全是施工的重点和难点。

(3) 斜拉桥临时钢塔结构设计、钢塔与上横梁连接、斜拉索数量、钢箱梁上锚扣点设计等均为临时斜拉桥能否成功的关键点,因此斜拉桥钢塔的设计与施工是本工程的重点与难点。

(4) 钢箱梁节段之间的连接固定、线形和高程控制是钢箱梁架设的重点和难点。

(5) 合龙段设在靠跨中节段,保证钢箱梁合龙段顺利合龙是钢箱梁架设的重点和难点。

### 1.1.4 缆索系统安装、调整、体系转换

本桥采用"先斜拉后悬索"体系转换方式施工,结构受力复杂,技术含量高,施工难度大。从安装猫道开始,在索股架设、主缆调整、吊索安装、体系转换等施工过程中,对索股的线形、主塔塔顶位移、斜拉索受力、临时塔位移、环境气温、束股和基准束的温度、风力以及索股与鞍座间是否产生滑移等必须及时严格监控,并采取有效措施,及时调整,使之控制在施工允许范围内。猫道线形的控制、主鞍座及散索鞍精确定位、主缆线形测量、索夹精确定位也是本工程的重点。

### 1.1.5 施工过程控制

为确保鹅公岩轨道大桥施工安全和施工质量,发挥指导施工和调整有关设计参数的作用,需要实施施工过程监测与控制。索塔、临时塔、斜拉索、悬索、斜拉与悬索体系转换的施工过程中的有效控制是使桥梁施工结果与设计要求结果相接近的重要保障。

## 1.2 鹅公岩轨道大桥施工总体布置与流程

鹅公岩轨道大桥主桥采用"先斜拉后悬索"方式施工,即先在主塔塔顶设置临时钢塔,借助临时钢塔形成临时钢箱梁斜拉桥结构体系,架设主缆并将临时斜拉体系转换为自锚式悬索体系,最终成桥。桥梁施工布置及主要施工工序如图1.2-1所示。

步骤一:①主塔基础及锚墩、过渡墩基础施工;②塔柱及临时塔施工;③工厂制作钢箱梁、主缆、吊杆、临时拉索。

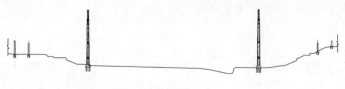

a) 步骤一

步骤二:①搭设边跨顶推支架和平台;②安装顶推装置;③平台上安装起重机,组装顶推钢导梁;④起吊钢混结合段,连接钢导梁与钢混结合段。

图 1.2-1

b) 步骤二

步骤三:①依次吊装西塔侧 WS11~WS1、WT0、WM1~WM4 和东塔侧 ES11~ES1、ET0、EM1~EM2 梁段,并根据监控指令顶推到位;②安装主梁顺桥向临时固结装置。

c) 步骤三

步骤四:吊装 EM3、EM4 梁段,张拉第一对和第二对拉索。

d) 步骤四

步骤五:①单悬臂吊装 WM5~WM11、EM5~EM11 梁段;②依次张拉第三到第七对拉索。

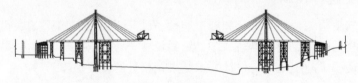

e) 步骤五

步骤六:①搭设锚固段施工支架和平台;②施工拉索锚固段。

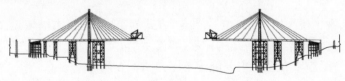

f) 步骤六

步骤七:①保持锚固段固定,钢混结合段压重施工,支架上施工边跨合龙段;②解除主梁顺桥向临时固结装置;③钢混结合段预应力施工。

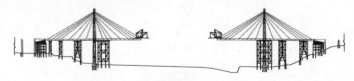

g) 步骤七

步骤八:①单悬臂吊装 WM12~WM20、EM12~EM20 梁段;②依次张拉第八到第十六对拉索。

图 1.2-1

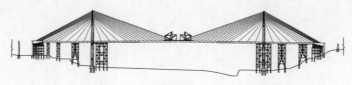

h) 步骤八

步骤九：①解除锚固段固结，中跨合龙段施工；②拆除中跨起重机。

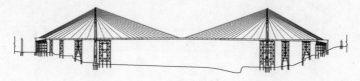

i) 步骤九

步骤十：①安装主索鞍、散索套；②架设猫道；③架设及初始张拉主缆基准索股；④架设与初始张拉主缆索股，调整主缆至设计空缆线形；⑤搭设锚跨施工平台。

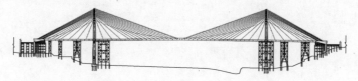

j) 步骤十

步骤十一：①支架施工锚跨，锚跨预应力施工；②拆除锚跨施工平台和边跨顶推装置。

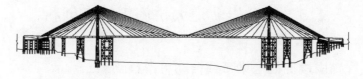

k) 步骤十一

步骤十二：①紧缆，安装索夹；②根据监控指令从主塔两侧向跨中张拉吊索。

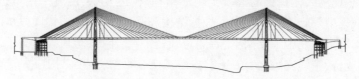

l) 步骤十二

步骤十三：①依次对称张拉吊索，其中部分吊索需采用接长杆多次张拉，接长杆在施工过程中需单次或多次逐步拆除，张拉过程中多次顶推塔顶鞍座；②拆除临时斜拉索。

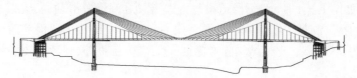

m) 步骤十三

步骤十四：锚跨段顶升，完成斜拉-悬索体系转换。

图 1.2-1

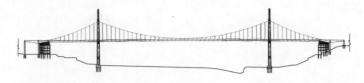

n) 步骤十四

步骤十五:①拆除临时塔柱;②拆除边跨支架。

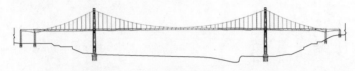

o) 步骤十五

步骤十六:①施工桥面系,安装附属设施;②主缆、吊索、索夹的防护施工;③拆除猫道;④根据需要进行全桥调索;⑤桥梁动静载试验及验收。

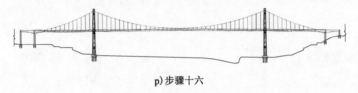

p) 步骤十六

图 1.2-1 桥梁施工布置及主要施工工序

## 1.3 鹅公岩轨道大桥施工技术创新

### 1.3.1 主缆锚固段混凝土梁带载自动可滑移支架

1) 施工技术特点

主缆锚固段是现浇大体积钢筋混凝土箱形结构,构造复杂、混凝土用量近 4200m³。具有结构重量大、荷载集中等施工技术特点。根据结构和受力特点,主缆锚固段从浇筑至悬索桥成桥的整个过程,均需支撑在施工支架上,时间跨径达 1~2 年,安全风险远高于一般的支架现浇结构。在斜拉桥成桥、主缆安装、斜拉-悬索体系转换过程中,由于结构应力状态、温度的变化,主缆锚固段的位置顺桥向不断变化。

2) 施工支架结构

施工支架由钻孔桩基础、支撑立柱及纵横向连接系、纵向下滑道梁、横向上滑道梁、底模支撑系统等组成。如图 1.3-1 所示,下滑道梁与上滑道梁之间设置滑动面,支架系统与底模支撑系统之间可相对滑移,满足主缆锚固段位置变化的需要。主缆锚固段滑移时对支架产生巨大的纵向水平力(约 800kN)。支架结构除考虑混凝土结构自重外,还考虑主缆锚固段滑移产生的纵向水平力。

3) 施工初始位置

主缆锚固段从浇筑后,到悬索桥成桥的整个过程中,随着桥梁结构受力状态的变化逐渐向中跨方向移动。因此,主缆锚固段浇筑时应向边跨方向预偏,利用 ANSYS 建立模型进行计算,初始预偏量为245mm。

图1.3-1 锚固段支架滑移装置

### 1.3.2 边跨钢箱梁加劲梁高位顶推滑移

综合考虑地形及交通等条件,边跨钢箱梁施工重点研究了2种方案:双悬臂吊装方案和高位顶推方案。通过分析施工环境和技术经济条件,边跨钢箱梁施工采用高位顶推方案,如图1.3-2所示。高位顶推是在桥塔旁搭设钢箱梁拼装支架兼做初始顶推平台,在边跨搭设顶推支架,将钢箱梁节段船运至桥塔旁,利用架梁起重机从主跨侧起吊、拼装,通过同步系统控制,采用步履式顶推器逐节段向边跨侧顶推。跨既有线施工时,一次顶推使钢导梁跨越既有铁路。

图1.3-2 边跨高位顶推钢箱梁

### 1.3.3 斜拉扣挂法施工主跨钢箱加劲梁

1)临时斜拉桥结构布置

由于航道的限制,主跨河道中不允许搭设支架,主跨钢箱梁采用"斜拉扣挂法"进行施工:在主塔顶部设置斜拉索锚固钢塔,结合悬索桥主梁布置斜拉索,组合成斜拉桥体系;边跨钢箱梁施工完成后,利用斜拉桥体系辅助安装加劲钢箱梁,形成斜拉桥。

2)塔高选择

在锚固钢塔的边跨和中跨侧各需锚固16对斜拉索,选取37.5m、42.5m、47.5m三种不同的塔高进行比选,采用有限元软件建立计算模型,按正装法对斜拉桥成桥过程进行分析,综合考虑后,选择钢塔高度为42.5m。

锚固钢塔布置在主塔上横梁顶面,受力情况复杂、荷载大。钢塔采用双肢结构,底座通过精轧螺纹钢筋与上横梁固结。钢塔双肢横向中心距11.7m,与钢箱梁上斜拉索锚固点横向间距相同,使得相应斜拉索构成平行索面。锚固钢塔如图1.3-3所示。

图1.3-3 锚固钢塔示意图

3) 主跨钢箱梁合龙敏感性分析和措施研究

钢箱梁合龙口两端高程、竖向转角、扭转、轴线偏差等应满足设计要求并进行敏感性分析。调整M14~M16斜拉索索力,合龙口两端的高程和转角比较敏感,施加纵向水平力可以有效地调整合龙口的纵向尺寸。在主塔处布置纵向调节装置,合龙前解除塔梁之间的临时锁定,利用纵向调节装置调整合龙口尺寸。

### 1.3.4 大跨径主缆架设

如图1.3-4所示,猫道承重索采用三跨分离式,在梁面及塔顶设置锚固结构;门架支承索与扶手索采用三跨连续式,在梁面设置锚固结构,塔顶设置转向鞍座。牵引系统采用大循环牵引系统。

图1.3-4 三跨分离猫道图

### 1.3.5 斜拉-悬索耦合模型建立及数值模拟分析

1) 斜拉-悬索耦合模型的建立

完整的体系转换数值分析模型需要考虑斜拉桥和自锚式悬索桥两种独立缆索支撑体系共

存,采用无应力状态控制法将两种模型全部缆索单元以无应力长度为基础重新建模迭代计算,获得耦合状态分析模型,建模如图1.3-5所示。

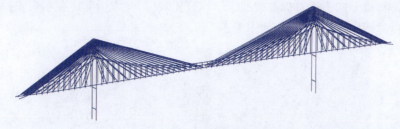

图1.3-5 斜拉-悬索耦合计算模型的建立

2)数值模拟分析

针对体系转换中吊索张拉及主索鞍顶推在数值模拟中的实现,应用了与无应力状态控制法相通的降温法进行分析。提出表征吊索建模长度和无应力长度之间长度差值的降温法,可用来计算吊索在张拉过程中无应力索长量与吊索张拉力对应关系,也说明了降温法同样可用于主索鞍的顶推操作。

### 1.3.6 临时斜拉桥合理线形

体系转换是通过吊索的张拉与安装逐步实现的,主梁初始线形的高低与张拉接长杆长度、张拉次数、张拉控制力等中间过程密切相关。这些中间过程又与设备的配备、调度、结构安全与组织管理直接关联,以致影响工期与经济成本,由此引出主梁线形调整的问题。分析了不同斜拉桥成桥线形对体系转换过程及难度的影响,确定了斜拉桥成桥合理线形,并且研究斜拉桥合龙后主梁线形调整技术措施。

在斜拉桥正装架设成桥后,在吊索张拉之前,主梁线形调整可以近似理解为落梁法和吊索张拉法的结合,斜拉索调索目的如同落梁法,均是提高主梁线形,如图1.3-6所示。与其他不调索的典型可行方案相比,虽然增加了一些斜拉索调索工作,但吊索张拉设备可由32套减少为24套,单根吊索最大张拉次数由4次减少为3次,主索鞍顶推次数由12次减少为9次,接长杆的最大长度由3.2m减少至2.1m,可以大幅度降低体系转换施工技术和施工组织的难度。

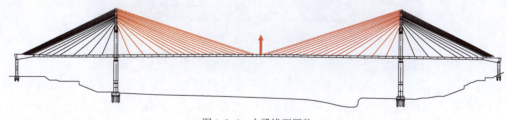

图1.3-6 主梁线型调整

### 1.3.7 斜拉-悬索体系转换技术

1)斜拉索的拆除时机和拆除顺序

斜拉索拆卸时机及拆卸顺序主要可以分为两种,第一种是吊索张拉由主塔向两侧逐对、对称安装张拉吊索,吊索安装推进到某对斜拉索位置时,拆除该斜拉索;如此逐步推进直至体系转换完成。第二种是从主塔开始,向两侧逐对、对称安装张拉吊索,逐步推进直至吊索全部安装张拉到位后,再从上向下逐对拆除斜拉索。综合比较,斜拉索拆除应在吊索张拉全部完成后进行,斜拉索拆除顺序应自上而下,如图1.3-7所示。

图1.3-7　斜拉索拆除

2) 主索鞍的顶推时机和顶推量

主索鞍顶推时机分两种情况,如图1.3-8所示,一是降低主缆两侧不平衡的水平力,二是这种"先斜拉,后悬索"体系转换方案所独有的情况——降低临时钢塔的塔底弯矩,顶推索鞍期间保证主缆在鞍槽内抗滑安全系数满足$k \geq 2.0$,且顶推主要在前期吊索张拉较少的情况下进行,以免出现后期主索鞍顶推不动的情况。

图1.3-8　主索鞍顶推

3) 吊索张拉方案研究

经过对斜拉-悬索共存体系力学特性的研究、吊杆张拉对主缆垂度变化的敏感性以及体系转换过程中主缆垂度敏感性变化规律的分析计算,提出斜拉桥-悬索桥体系转换优化施工方案:斜拉桥成桥主梁线形为悬索桥成桥主梁线形,斜拉桥成桥后,调整跨中斜拉索索力,使主梁跨中部分线形接近体系转换目标线形(即二期恒载加载前的悬索桥主梁线形);在此基础上,再安装张拉吊杆,完成斜拉桥-悬索桥的体系转换;在吊杆安装、张拉的过程中,不调整斜拉索,不拆除斜拉索,吊杆安装张拉完毕,按从上向下(16号→1号)的顺序逐对拆除斜拉索。

## 4）吊索张拉索力变化规律研究

研究吊索张拉顺序、张拉批次、接长长度以及吊索张拉对主缆主梁线形和内力以及斜拉索索力的影响规律；验证了张拉吊索与已张拉吊索的索力之间具有强相干性，包括"相邻吊索索力的卸载性"和"非相邻吊索索力的累加性"两个部分。

成桥吊索索力来源的分析，除了拆除斜拉索、施加二期恒载、顶推主索鞍对成桥索力有贡献外，其他重要因素有如下影响：前期张拉的大部分吊索的成桥索力主要来源于除相邻吊索外其他吊索张拉产生的索力累加，中期张拉的吊索的成桥索力主要来源于自身吊索张拉、相邻吊索张拉和非相邻吊索的张拉三者索力累加，后期张拉的吊索成桥索力主要来源于因自身吊索张拉获得的索力。

## 5）结构构件受力和变形分析

吊索张拉过程中，梁、塔、墩的内力与变形，吊索索力、斜拉索索力及主缆线形、主梁线形将会发生多次变化。分析与掌握选定方案各实施过程中各构件的内力、变形分布规律，有利于施工过程中的安全与质量控制。重点分析了主塔、钢塔内力位移，主缆、吊索、斜拉索的索力，主缆和主梁线形等。

以主梁和主缆的线形位移变化进行举例分析。在吊索张拉阶段，加劲梁线形变化情况复杂，施工控制过程中需要不断监测加劲梁的线形与应力变化情况，检验实际受力是否安全与合理。

# 第 2 章 钢-混凝土结合围堰与索塔施工

## 2.1 鹅公岩轨道大桥围堰方案

鹅公岩轨道大桥索塔基础采用"先堰后桩"法施工。根据主塔基础筑岛帷幕止水、开挖工期安排，围堰施工需采用水上浮运下沉，水下封底。其水上施工工期较长、功效较低，水下封底混凝土施工质量控制难度大、投入机械设备较多、施工成本较高。

当筑岛围堰施工完成后，可直接进行钢板桩施工，但其施工高程必须超过+177.000m（黄海高程）方能保证洪水过后继续施工。钢板桩比较单薄悬空高度比较高，抗洪能力较弱，且施工成本较高。而在筑岛围堰施工完成后，即可开挖混凝土围堰基础，且混凝土工程施工周期比较短，可直接在顶部接一节围堰，然后进入汛期，采用起重船接高。混凝土成本较低、单节围堰加高较快，且抗洪能力较强。所以，采用钢-混凝土结合围堰方案，其"先堰后桩"法施工流程为：筑岛围堰→帷幕注浆→开挖承台→钢-混围堰施工→封底及埋设钢护筒→钻孔平台及钻孔桩施工→承台施工。

## 2.2 筑岛与帷幕止水施工

### 2.2.1 筑岛填筑施工

三峡库区蓄水后部分年份02月08日左右水位高程：2011年为168.4m、2012年为170m、2013年为167.5m，因此筑岛顶面高程定为171m。通过测量放样，确定钢围堰基坑开挖范围，预留10m安全施工空间，在基坑周围向外填筑土坝，自然坡度1:1，长度约500m，与岸滩相连，形成实心岛屿。为了防止滩涂地和回填土坝渗水，在土坝顶部进行钻孔帷幕注浆，钻孔深度为从土坝顶穿透土坝、透过河床覆盖层直至封底混凝土下1m位置。河床最低高程为158m，筑岛顶高程设置在171m，比同期常水位高1m。在筑岛同时在岛体外侧设置防冲刷片块石。

### 2.2.2 帷幕注浆

速凝水泥膏浆是指水泥浆中掺入黏土、膨润土、粉煤灰等掺合料及少量外加剂而构成的低水灰比的膏状浆液。其基本特征是膏浆的剪切屈服强度值大于其本身重力的影响。当筑岛围堰形成后，进行帷幕注浆，固结砂石、填充缝隙、阻断渗水。帷幕注浆（范围见图2.2-1）采用自配膏浆，其优点在于抗水冲刷性能强，可起到定向定时注浆效果，填补大空洞及固结砂石能力强，可短时间内形成高强混石结构，可有效密闭各种空隙。其布置形式为：沿筑岛围堰顶部中间位置,设置四排注浆孔,孔深度约17m,即入岩4m,进入封底混凝土底部下1m。横纵向间距2m梅花形布置,进行间隔跳跃式注浆,防止注浆压力过大,膏浆流进江中。

图 2.2-1　帷幕注浆范围示意图

### 2.2.3　基坑开挖施工

覆盖层及筑岛采用挖掘机直接清除,按照1∶1放坡,必要时做挂网喷浆防护处理。覆盖层挖除后,进行岩石切割挖除,根据放样控制开挖线进行切割,根据控制开挖线将开挖面分成若干工作面,尽量多设切割工作面,以提高工作效率。

基岩切割完成后使用破碎锤破碎,根据工作面形成流水作业,破碎后挖机配合清理出渣,临时清理的石渣统一堆放在临时堆放点,为防止石渣堆放对基坑壁产生太大的压力,临时堆放点应尽量远离基坑。石渣凿除后及时清理并堆放在临时堆放点,尽快为下一轮施工清理出工作面。然后进行下一轮切割、破碎凿除,反复循环,直至开挖完成。

随着开挖深度的不断加深,地下水或江水回渗,为了保证施工,需进行排水处理,在基坑内设最低点进行渗水汇集,利用污水泵集中抽出坑外。

主塔基坑地质为砂质泥岩,随着基坑开挖深度的加深,为防止基坑边坡基岩不稳定造成基坑边坡垮塌,需对基坑边坡进行防护处理,由于边坡基岩整体性较好,仅考虑对边坡表面进行坡面挂网喷浆防护。坡面防护按照开挖一层防护一层,逐级防护的原则。

## 2.3　钢-混凝土结合围堰施工

### 2.3.1　钢-混凝土结合围堰结构

本桥西岸主塔承台底高程为165m,封底混凝土厚3.5m,封底混凝土底高程为161.5m。最高洪水位+186.5m,暂定围堰顶面高程为188.1m,西岸主塔基础围堰采用钢-混结合,混凝土围堰高度8m,钢围堰高度18.1m,共计分为3节,钢-混结合围堰高度为26.1m。

东岸主塔承台底高程为159m,封底混凝土厚4.0m,封底混凝土底高程为155m。东岸主塔基础围堰采用钢-混结合,混凝土围堰高度10.5m,钢围堰高度22.9m,共计分为4节,钢-混结合围堰高度为33.4m。东岸钢-混围堰结构示意如图2.3-1所示。

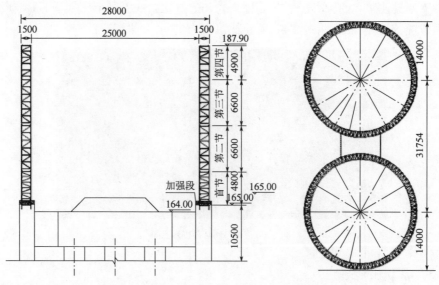

图 2.3-1　东岸钢-混围堰结构示意图(尺寸单位:mm)

## 2.3.2　钢-混凝土结合围堰施工

1)混凝土围堰施工

(1)模板施工

根据围堰位置,测量放样模板位置。钢护筒组合钢模拼装而成,每节高度1.5m,通过型钢及钢管进行加固,底部通过埋设钢筋进行固定。在上一节混凝土浇筑完成方可拆除下部节段模板。

(2)混凝土围堰钢筋施工

采用$\phi$22mm钢筋,间距20cm布置成环形钢筋网片,内部构造筋采用间距60cm布置。

(3)混凝土施工

围堰混凝土采用分层浇筑的方法进行施工,第一层为基础厚度3m,第二、三层为1.5m高,第四层安装预埋件,浇筑高度2.0m,剩余部分待首节钢围堰安装完成后,与1.5m隔舱混凝土一同浇筑,确保钢混结合不漏水。

预埋件为型钢骨架及环板,定位精度:高程±5mm,水平位置±10mm。

(4)封底混凝土施工

当混凝土围堰施工一定高度后,穿插旱地施工封底混凝土。

2)钢围堰施工

钢围堰结构示意如图2.3-2所示。根据本桥索塔承台基础形状,索塔承台双壁钢围堰为圆端方形,两端为圆形,外径28m,内径25m,壁厚1.5m,双壁钢围堰,顶面控制高程为+188.1m。在钢围堰内、外壁间设竖向隔仓板。在平面上将钢围堰等分成多个互不相通的舱。

首节双壁钢围堰内、外壁板均采用8mm和6mm厚钢板,壁板上采用角钢竖肋和环形板加强,两壁板之间采用隔仓板和水平环形桁架连接,以使内外井壁组合成整体。钢围堰首节段与混凝土围堰顶预埋件进行焊接,并在底部0.6m范围内围堰壁内、外填充混凝土,壁板竖肋、水平桁架、竖向桁架均采用∠100×100×10角钢、∠80×80×8角钢和[10槽钢;水平环形板采用□200×16钢板。

图2.3-2　钢围堰结构示意图(尺寸单位:m)

### 2.3.3　施工技术特点

在深水中进行大型承台的施工时,围堰是不可或缺的临时结构。目前国内一般采用双壁钢围堰结构。利用双壁钢围堰结构进行施工时,需要经过开挖整平基坑,加工拼装钢围堰,水下清理、封堵刃脚,浇筑封底混凝土,抽水进行承台施工等步骤,由于双壁钢围堰结构上存在局限性,因此造成在凸凹不平或严重倾斜的裸岩条件下施工是十分困难的,需要进行大量的爆破开挖和水下封堵工作,而且需要灌注大量水下混凝土,导致施工周期长、安全风险高、工作量大、施工成本高。

本桥围堰结构规模庞大,施工难度很大。围堰设计平面为直径28m、长59.34m的哑铃形结构物,内外壁间距1.5m,最大高度达33.5m,本钢-混围堰水上施工规模在长江上游是极其少见的。而且桥位处长江上航道比较狭窄,其在鹅公岩长江公路桥上游45m处,围堰距鹅公岩公路桥桥台仅有11m,要在确保公路桥安全及不阻碍航道使用的条件下完成围堰施工等水上作业,难度非常大。同时,狭窄的航道也不利于大型设备和大宗物资材料的运输。

本桥考虑施工特点,采用组合式钢-混围堰结构,且提出该实用新型专利和发明专利各一项,其结构简单,设计巧妙,布局合理,由于它的底部为混凝土围堰,因此能够在不需要爆破开挖的前提下,适应于各种复杂的、凸凹不平的裸岩条件,同时其混凝土围堰之上又接高了结构轻便、易拆除、可回收的双壁钢围堰。这种结构的组合式围堰,能够将水下施工转变为便捷的陆地施工,在适应性更强的基础上,能大大减少钢围堰的使用量,具有节省资源、施工方便、难度小等优点,特别适合推广应用,其市场前景十分广阔。

## 2.4　承台大体积混凝土施工

索塔承台采用哑铃型大体积混凝土结构,承台长、宽均为17m,高5m;系梁长14.21m,宽8m,高5m,混凝土强度等级为C40。系梁在混凝土围堰施工过程中同步浇筑完成,并进行回填,确保在后续施工过程中,围堰形成封闭整体,为基础施工创造有利施工条件。

主墩塔座顶面平面尺寸 8m×11m,底部平面尺寸 12m×15m,厚度 2.0m,四周按 1:1 放坡。塔座与承台施工方法基本相同。

### 2.4.1 承台施工工艺流程

索塔承台施工工艺流程如图 2.4-1 所示。

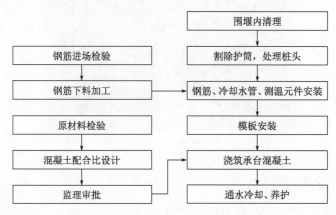

图 2.4-1 承台施工工艺流程图

### 2.4.2 冷却水管、测温元件安装

1)冷却水管布置

为减少混凝土内部水化热,降低承台混凝土内外温差,尽量避免承台混凝土开裂,采取在承台混凝土内设冷却水管通水降温的措施。

冷却水管采用壁厚 3.5mm、直径 $\phi 48mm$ 的圆钢管。沿承台竖向布置 5 层水平冷却水管网,管网间垂直间距为 1.0m,顶层管网至承台顶面距离及底层管网至承台底距离均为 0.5m;同一管网内水管间的水平间距为 1.0m,最外层水管距离混凝土最近边缘 0.5m 左右。同一层水管网的垂直进出水口要相互错开至少 1.0m,不同层水管网的进出水口也应相互错开至少 1.0m,以便进行区分。

冷却管网安装完成后,应将进出水管与总管、水泵接通,进行通水试验。冷却管网应分区分层编号,每一层管网的进出水管均应编号登记。温控完成后,冷却管采用水泥浆进行封堵。

冷却系统安装完成后,进行试通水,对接头缝隙进行处理,保证密封、通畅。

2)测温元件布置

对大体积混凝土施工进行温度测试和监控,是为了掌握混凝土内部的最高温升及中心部位与表面部位的温度差,以便采取内部降温、外部保温蓄热的技术措施,降低并控制混凝土的内外温差,防止混凝土结构产生裂纹。

混凝土温度测试是采用热电偶作温度传感器,将其密封并牢固绑扎在承台水平钢筋上,用电缆连接到多点数字显示巡检仪上,逐次显示各测点的温度,达到对混凝土的温度测试和监控的目的。

由于承台的平面形状是双向对称的,冷却水管也是对称布置的,考虑材料的节约和数据的可靠性、代表性,承台混凝土的温度测试监控可在 1/4 承台平面内进行。

### 2.4.3 承台混凝土浇筑

1)混凝土的配合比设计

承台属于大体积混凝土,按照大体积混凝土要求进行配合比设计。大体积混凝土的配合比根据实际施工时所采用的砂石料、水泥、粉煤灰及外加剂的性能进行交叉配合比试验,确定最佳的混凝土施工配合比。并遵循以下总的原则:大体积混凝土应采用低水化热水泥,并采用"双掺技术"(即掺加粉煤灰及外加剂),降低混凝土的入仓温度等措施,以改善混凝土的性能,减小混凝土的水化热。

2)混凝土浇筑

混凝土浇筑前,应对钢筋、预埋件、冷却水管网和测温元件进行详细的检查,并作好记录,符合设计及规范要求后方可浇筑混凝土。基坑内的杂物、积水和钢筋上的污垢应清理干净。

浇筑过程中对生产出来的混凝土进行检查监控,按规范的要求进行坍落度试验、制作混凝土试块,并观察混凝土的和易性,符合要求才能使用。

混凝土生产后,泵送上围堰,再通过串筒进入基坑浇筑;混凝土进入基坑时,应控制混凝土自由下落高度不超过2m;浇筑过程中,出料口下面的混凝土堆积高度不得超过1m。

承台混凝土浇筑采用斜向分层、从中间向两边全断面逐步推进的方法进行施工,施工中应尽量加快混凝土浇筑的速度。

某一区域的冷却水管被混凝土完全覆盖后,即可将该区域的冷却水管通水,从而尽量减少新老混凝土的温差,防止混凝土开裂。

混凝土浇筑期间,由专人检查预埋钢筋和其他预埋件的稳固情况,对松动、变形、移位等情况,及时将其复位并固定好。

### 2.4.4 混凝土温控

1)温度裂缝理论分析

由于水泥的水化热作用,混凝土浇筑后要经历升温期、降温期和温度稳定期三个阶段。升温阶段,水泥产生的水化热大量地聚集在混凝土内部不易散发,内外温差使混凝土内部产生压应力,外部产生拉应力,若大于相应龄期的容许拉应力时就有可能产生裂缝;降温阶段,新浇筑混凝土受内部钢筋及基坑约束不能自由收缩,此时弹性模量相对较低,若降温梯度过大就容易产生较大的温度拉应力,当该拉应力大于相应龄期的混凝土容许拉应力时,也容易产生温度裂缝,因此控制温差、尽量降低温度梯度是保证不产生温度裂缝的根本。根据规范要求,为防止温度裂缝出现,混凝土内外温差不得超过25℃。

2)通水冷却

某一区域内的冷却水管被浇筑混凝土完全覆盖并振捣完毕后,即可在该区域的冷却水管中通水,对混凝土进行降温。

冷却水可根据热工计算控制,可控制在$1.2 \sim 1.5 m^3/h$。

承台混凝土通水冷却时,冷却管排出的水应立即排出基坑外,以保证围堰的安全。

3)测温监控

(1)混凝土温度监控

测温时间:混凝土覆盖某测温点后该点即开始测温,直至混凝土内部温度与大气环境平均温度之差小于20℃时止。

测温频率：在温度上升阶段每2h测一次，温度下降阶段每4h测一次，温度稳定阶段每4h测一次；大气温度应同时测量。

通过对测定的温度数据进行计算、分析，及时指导现场混凝土养生。一般地，可通过调节冷却水流量、进出水口温差等方法来调控混凝土内部温度；通过改变混凝土表面养生方法来调控混凝土表层温度。

测定混凝土上升的峰值及其达到所需的时间，定期记录冷却水管进、出水口的水温，绘制混凝土内部温度变化曲线。根据观测结果确定冷却水管通水量、通水时间和蓄热养护时间等，以降低混凝土的内外温差。

(2) 水流监控

一般地，冷却水流量的大小会影响冷却管进、出口水的温差，影响冷却水和混凝土之间的热交换，从而影响混凝土内部温度的变化。因此，有必要对冷却水的流量、流速、冷却管进出口的水温进行监控；水流监控时间及监控频率应与承台混凝土温度监控同步。

## 2.5 索塔液压爬模施工

### 2.5.1 塔柱液压爬模施工

1) 液压爬模施工

本桥索塔塔柱标准浇筑高度为4.5m，模板配置高度4.65m，模板下包100mm以保证新浇混凝土底口质量，模板上挑以防止混凝土浆溢出。塔柱内外模采用木工字梁体系模板。架体采用HCB-100(ZPM-100)型液压自爬模。液压爬模施工工艺流程如图2.5-1所示。

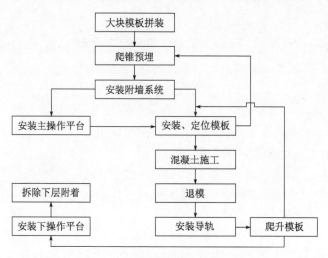

图2.5-1 液压爬模施工工艺流程图

2) 预埋件及附墙系统施工

预埋件及附墙系统施工工序如图2.5-2所示。

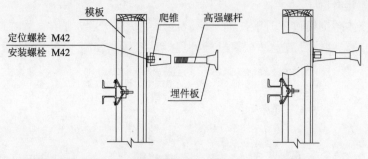

a) 按图组装锚定总成，用定位螺栓将其固定在模板上　　b) 组装结束

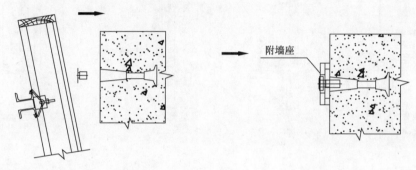

c) 浇筑完成后，退模，卸下定位/安装螺栓 M42×50　　d) 就位挂座体

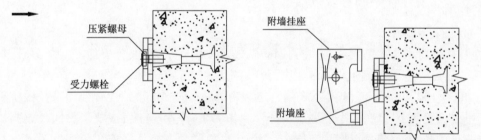

e) 拧紧受力螺栓、压紧螺母，将挂座体压紧在墙面上　　f) 由墙的侧面将埋件支座套入挂座体

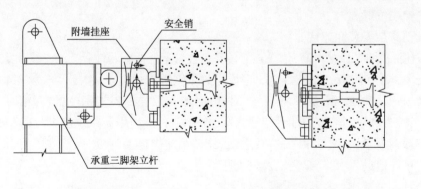

g) 爬架就位，插入安全销　　h) 爬模提升两层后，在下平台上卸下埋件总成以备周转使用

图 2.5-2　预埋件及附墙系统施工工序

3）液压爬模爬升施工

爬架与模板体系则通过顶升液压油缸沿着导轨进行爬升,导轨依靠附在爬架上的液压油缸来进行提升,导轨到位后与上部爬架悬挂件连接。液压爬模施工流程如图 2.5-3 所示。

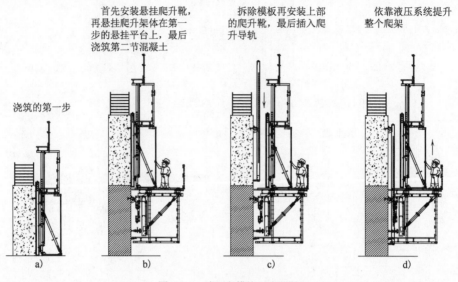

图 2.5-3　液压爬模施工流程图

## 2.5.2　劲性骨架制作及安装

1）劲性骨架制作

塔柱劲性骨架与主塔同高,考虑到钢筋模数及方便施工,采取分节加工安装,劲性骨架伸入塔座 2m,第一节架设高度为 8m,以后每节高度 9m,直至主塔全部完成。劲性骨架竖向采用∠100×100×10 角钢,连接系采用∠75×75×8 角钢制作。劲性骨架加工在栈桥平台上进行,平台设置两个区域,一个区域用于分片制作,另一个用于组拼成节。劲性骨架制作方法是:先测量放样,然后将角点桁片定位在台座上,再放样角点桁片间连接角钢位置,烧焊连接;两节劲性骨架的连接脚板必须同槽进行加工,便于现场连接,劲性骨架与预应力位置冲突时,适当调整骨架位置。

2）劲性骨架安装和连接

随塔柱混凝土节段的升高,依次逐节接高劲性骨架。两节劲性骨架的对接用 15cm×15cm×1cm 钢板作为连接脚板,1cm 厚 Q235 钢板作为节点板进行焊接,连接焊缝为三面围焊,内外侧劲性骨架采用 $\phi 20mm$ 钢筋定位连接。对接前,测量放样限位角钢位置;对接时,塔式起重机吊起劲性骨架,利用葫芦将劲性骨架喂入限位角钢内;再利用葫芦调整劲性骨架顶口位置,必要时用楔形钢板微调,测量跟踪校核;达到要求后,加焊连接脚板,焊接牢固后,松开塔式起重机吊钩。在焊接过程中,严禁碰撞及松动葫芦。

3）塔柱间横梁支架浇筑

主塔共设置 3 道横梁,横梁和塔柱步施工,待塔柱施工过横梁位置后,再进行横梁的施工。下横梁采用落地式钢管立柱+贝雷梁结构形式的现浇支架施工。中、上横梁全部采用牛腿+

桁架结构形式的现浇支架施工。

### 2.5.3 横梁支架

1) 下横梁支架

如图2.5-4所示,下横梁支架基础预埋件安装在主塔承台顶面上,垫梁采用4根HM588×300型钢焊接而成,钢管立柱使用φ1000×12mm钢管加工,钢管立柱之间使用钢管连接系进行连接。立柱体系沿横桥向分三列布设,顺桥向每三组钢立柱上搭设分配梁,分配梁使用HM588×300组焊而成。承重主梁使用321贝雷梁,分29组搭设在分配梁上,贝雷梁在横梁腹板位置加密。贝雷梁上横桥向按间距300mm布置工字钢"工16b",工字钢上支立碗扣式支架,碗扣支架由底拖、立杆、顶托、水平杆、剪刀撑构成。碗扣架顶托调好下横梁曲线高度,顶托上顺桥向铺设木方做底模主梁,木方上按横梁底面形状铺设竹胶板底模板。

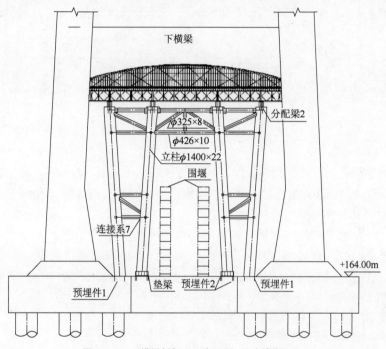

图2.5-4 下横梁托架立面布置图(尺寸单位:mm)

2) 中横梁支架

如图2.5-5所示,中横梁托架从上到下依次为:竹胶板+方木+横梁+纵梁/倒角钢架+分配梁1/2+砂筒/牛腿及预埋件+托架。中横梁现浇支架采用3组梯形钢管桁架组合而成。桁架上、下弦杆均采用φ800×10mm螺旋管,通过在塔身内开槽,将下弦杆嵌入塔身内。桁架斜杆采用φ1000×12mm螺旋管,桁架斜杆与上、下弦杆通过焊接连接,桁架内部安装φ351×8mm钢管连接系。3组梯形钢管桁架通过φ351×8mm钢管连接系连接成整体。上弦杆上安装350t砂箱,砂箱上顺桥向铺2根2HN700×300组合型钢梁,钢梁上架设贝雷片做模板支撑体系。

横梁圆弧段施工模板采用大块定型钢模施工,为施工横梁圆弧段,在塔身施工时,在单个塔肢内顺桥向预埋4个预应力钢束对拉体系。横梁圆弧段现浇支架牛腿安装在预留槽内固定,预应力钢束穿过牛腿预留孔,并对其施加24t预应力,增加支架稳定性。牛腿上安装2HN450×200组合型钢梁,施加18t预应力,圆弧段定型模板固定在钢梁上。

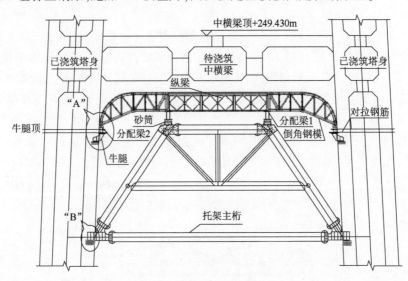

图 2.5-5 中横梁托架立面布置图

3)上横梁支架

如图2.5-6所示,上横梁拱架自上至下由面板、横肋、纵肋、拱架主桁、分配梁、楔块、牛腿、对拉钢筋等组成。上横梁现浇支架采用6榀型钢桁架组成的支撑体系。桁架与定型钢模焊接成整体,桁架主梁及下弦杆采用双肢[28b。

支架架设在塔柱的牛腿上,在塔身施工时将牛腿的预留孔事先埋设,单个塔肢内顺桥向预埋4个,并且单个塔肢内顺桥向预埋4个预应力钢束对拉体系,预应力穿过牛腿锚固在牛腿上。牛腿上顺桥向铺2根2HN700×300组合钢梁,上横梁模板体系固定在钢梁上。

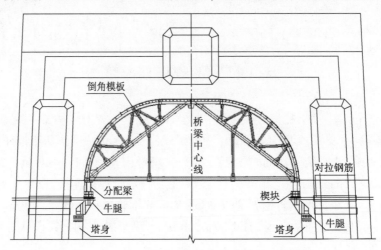

图 2.5-6 上横梁立面布置图

4)横梁施工

(1)横梁钢筋、模板施工工艺与主塔相同,横梁混凝土分两次浇筑,第一次浇筑底板及腹板,浇筑到顶板倒角下20cm处,第二次浇筑顶板,内膜采用竹胶板。

(2)预应力施工:预应力束均采用两端张拉,采用深埋锚工艺。张拉前需在限位板与千斤顶间安装加长套管,套管与限位板用4根螺栓连接牢固。张拉完成后24h内进行压浆,压浆采用水泥浆,强度C55。

### 2.5.4 塔柱间横撑架设

主塔塔柱向内倾斜,为保证主塔线形,平衡混凝土自重及施工荷载产生的柱底附加弯矩,需要在塔柱适当位置设置横撑系统,如图2.5-7所示,以确保塔柱精确合龙。

根据计算,需要分别在塔身设置五道横撑;每道横撑为两组 $\phi1000 \times 12mm$ 钢管。每组横撑设4台千斤顶,每根横撑共计2台千斤顶,同步顶推至设计吨位,以达到预期目标。

图2.5-7 主塔横撑位置示意图

横撑施工工序如下:

步骤一:

(1)完成第十一节段混凝土浇筑;

(2)安装第十二节段劲性骨架、钢筋、可爬升模板;

(3)在完成上述事项同时安装第一道主动横撑;

(4)顶撑主动支撑并锁定(主动力没有施加前不能浇筑第十二节混凝土)。

步骤二:

(1)完成第十二、十三、十四、十五节段混凝土浇筑;

(2)安装第十六节段劲性骨架、钢筋、可爬升模板;顶撑第一道横撑(施加500t反力);

(3)浇筑第十六节段混凝土;

(4)在完成上述事项同时施工下横梁;浇筑下横梁第一次混凝土(顶板内倒角以下)。

步骤三:

(1)下横梁顶板钢筋施工,同时施工第十七节段钢筋,可爬模;

(2)浇筑下横梁第二次混凝土(下横梁混凝土完成);

(3)在完成上述事项后安装第二道主动横撑(两端锁定塔柱,只承受被动力不施加主动力);

(4)浇筑第十七节段混凝土(下横梁第二次混凝土浇筑完成后3d)。

步骤四:

(1)完成第十八节段混凝土浇筑;

(2)拆除第一道主动横撑;

(3)张拉下横梁预应力束,同时绑扎第十九节段钢筋,可爬模;

(4)完成下横梁预应力束张拉后,顶撑第二道主动横撑,施加300t反力。

步骤五:

(1)完成第十九、二十、二十一、二十二、二十三节段混凝土浇筑;

(2)安装第二十四节段劲性骨架、钢筋、可爬升模板;

(3)在完成上述事项同时安装第三道主动横撑;

(4)顶撑主动支撑并锁定(在浇筑第二十四节混凝土之前)。

步骤六:

(1)完成第二十四、二十五、二十六、二十七节段混凝土浇筑;

(2)安装第二十八节段劲性骨架、钢筋、可爬升模板;

(3)在完成上述事项同时安装第四道主动横撑;

(4)顶撑主动支撑并锁定(在浇筑第二十八节段混凝土之前);

(5)同时完成中横梁施工;解除第三道主动横撑,张拉预应力及封锚。

步骤七:

(1)完成第二十八、二十九、三十、三十一、三十二节段混凝土浇筑;

(2)安装第三十三节段劲性骨架、钢筋、可爬升模板;

(3)在完成上述事项同时安装第五道主动横撑;

(4)顶撑主动支撑并锁定(在浇筑第三十三节混凝土之前)。

## 2.5.5 塔柱防雷结构安装

索塔防雷结构工作原理为利用主塔主筋将雷电传导至承台内,在承台内通过环形钢筋与各桩基主筋连接,桩基主筋底部设置200mm×100mm×20mm的镀锌钢板将雷电导入大地。塔柱主筋外围沿高度每隔6m设置一圈100mm×4mm的扁钢带,扁钢带和主筋焊接成整体。

为了保证避雷系统的施工质量,防止机械连接处出现导电性能下降的情况,每个塔柱选择2根固定主筋,使用钢筋在机械连接套筒处进行桥接,桥接钢筋施工时做出标记以保证每节段桥接的钢筋为同一根。

# 第3章 钢箱梁制造与运输

## 3.1 钢箱梁构造与制造特点

### 3.1.1 钢箱梁构造

本桥加劲钢箱梁梁高4.5m,桥面宽度为22m(含风嘴),采用六腹板断面,横向支撑基本由横隔板、横肋板交替布置,标准间距2.5m,吊杆锚箱安装在主梁边腹板上,边腹板外是风嘴。

钢箱梁制造采用工厂内单元件制造,然后上大拼胎架进行连续拼装的整体制造方案。单元件分为顶板单元、底板单元、斜底板单元、中腹板单元、边腹板单元、横隔板单元、横肋单元、风嘴及锚箱。B型梁单元划分示意如图3.1-1所示。

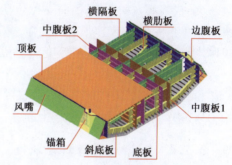

图3.1-1 B型梁单元划分示意图

### 3.1.2 钢箱梁制造特点

(1)钢箱梁采用全焊接结构,但其板厚很大,其四周面板在32~44mm之间,其对接多数采用单面焊接双面成型的焊接工艺,其焊接变形控制难度大。

(2)由于吊索和线型原因,其隔板和节段接口需要垂直于大地,在制造过程中,控制隔板角度和节段箱口是定位控制的难点。

(3)钢箱梁为五室六腹板结构,每道腹板与隔板的组装顺序及其焊接顺序直接影响钢箱梁的整体尺寸,外观尺寸控制是钢箱梁变形控制的重点。

(4)中腹板加劲梁为T肋,其与隔板槽口的安装无法直接插入,为便于腹板、隔板安装,T肋断开方法和制作变形也是控制难点。

(5)锚箱作为钢箱梁的主要受力构件,均采用厚板焊接,焊接空间狭小且均为熔透焊缝,其制作质量控制是本桥难点之一。

### 3.1.3 钢箱梁材料

钢箱梁由顶板、底板、斜底板、中腹板、边腹板(含吊杆锚固结构)、横隔板及横肋板和风嘴共八部分组成。具体如下:

(1)顶板:顶板厚度为32~44mm。不同厚度顶板对接,顶板上缘保持齐平。当板件厚度不等对接时,应在两者接缝处将厚板按1:8的坡度加工成与薄板相同。顶板采用I肋加劲肋,厚度为25~32mm、高度为260~350mm。顶板及其加劲肋采用Q420qE材质。

(2)底板：水平底板厚度为32~44mm。不同厚度底板对接，底板下缘保持齐平。当板件厚度不等对接时，应在两者接缝处将厚板按1:8的坡度加工成与薄板相同。顶板采用I肋加劲肋，厚度为25~34mm、高度为260~350mm。底板及其加劲肋采用Q420qE材质。

(3)斜底板：斜底板厚度为32~44mm。不同厚度斜底板对接，斜底板外缘保持齐平。当板件厚度不等对接时，应在两者接缝处将厚板按1:8的坡度加工成与薄板相同。顶板采用I肋加劲肋，厚度为25~34mm、高度为260~350mm。斜底板及其加劲肋采用Q420qE材质。

(4)中腹板：中腹板厚度为20mm，中腹板上布置5道T形加劲。T形加劲腹板厚10mm、高250mm、翼缘厚14mm、宽120mm。除支座附近梁段外，每个梁段设置中腹板人洞，人洞高1000mm、宽700mm。采用Q420qE材质。

(5)边腹板：边腹板厚度为40mm，采用310×30mm的板式加劲肋，在锚箱附近增设两道纵向加劲肋。边腹板及其加劲肋采用Q420qE材质。锚箱安装在主梁边腹板上，锚箱构造分成了M1~M4共四种类型。吊杆锚头采用较厚的垫板与较薄的承压板的组合。采用材质Q345qD。

(6)横隔板及横肋板：横向支撑包括横隔板、横肋板，标准间距2.5m。横隔板、横肋板基本为相邻交替布置，支座处有所加强。横隔板分为普通横隔板和支座横隔板两类。普通横隔板厚度为14mm，支座横隔板厚度为25mm和20mm；横肋板厚度为10mm。采用材质Q345qD。

(7)风嘴：风嘴宽约1600mm，高约2940mm，由腹板、底板、横隔板组成。腹板厚10mm，设3道120×10mm的板式加劲。风嘴横隔板间距原则上按5m、且与梁内横肋对应布置，材质采用Q345qD。节段间风嘴在结构上断开，其缝隙宽5~10mm，采用"航空密封胶"填塞。

### 3.1.4 钢箱梁制造节段划分

根据其构造，同时考虑施工性能，全桥标准段钢箱梁划分为A~F共6种类型、65个梁段。其中A、C为主塔附近梁段；B梁段长度15m，E梁段长度7.5m，D梁段(边跨合龙)长度10m，F梁段(中跨合龙)长度8.6m，采用桥面起重机吊装，最大起重量约408.4t。在边墩主缆混凝土锚固梁段和标准钢梁之间设置钢-混结合段。

## 3.2 钢箱梁制造

### 3.2.1 钢箱梁节段制造

根据本桥结构特点，为了控制箱体结构变形，保证产品质量，加快制造进度，在利用好大型钢箱梁制造中积累的丰富经验的基础上，借鉴市政跨线工程类似结构钢箱梁制造的成功经验，钢箱梁采用"板→板单元→块体单元→梁段→预拼装→桥位连接"的方式生产，即在扬州公司钢结构车间、专用总拼线进行零件、板单元、风嘴单元和块体单元的生产制作；在梁段专用拼装线进行梁段整体组焊、多段连续匹配预拼装；在除锈、涂装车间进行涂装；在大桥桥位主要进行节段连接、补涂装及最后一道面漆的涂装。钢梁分块及制作流程如图3.2-1、图3.2-2所示。

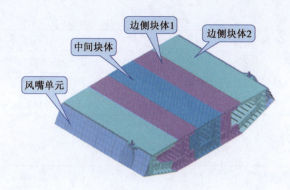

图 3.2-1　钢梁分块图

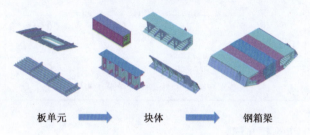

图 3.2-2　钢梁制作流程示意图

## 3.2.2　钢箱梁验收

（1）焊缝外观质量验收标准见表 3.2-1。

焊缝外观质量标准　　　　　　　　　　　表 3.2-1

| 项目 | 焊　缝　种　类 | 质量标准(mm) |
|---|---|---|
| 气孔 | 横向对接焊缝 | 不允许 |
|  | 纵向对接焊缝、主要角焊缝 | 直径小于 1.0，每米不多于 2 个，间距不小于 20 |
|  | 其他焊缝 | 直径小于 1.5，每米不多于 3 个，间距不小于 20 |
| 咬边 | 受拉杆件横向对接焊缝及竖加劲肋角焊缝（腹板侧受拉区） | 不允许 |
|  | 受压杆件横向对接焊缝及竖加劲肋角焊缝（腹板侧受压区） | ≤0.3 |
|  | 纵向对接焊缝及主要角焊缝 | ≤0.5 |
|  | 其他焊缝 | ≤1.0 |
| 焊脚余高 | 主要角焊缝 | +2.0,0 |
|  | 其他角焊缝 | +2.0,-1.0 |
| 焊波 | 角焊缝 | ≤2（任意 25mm 范围内高低差） |
| 余高 | 对接焊缝 | ≤3（焊缝宽 $b$≤12 时）<br>≤4（12＜$b$≤25 时）<br>≤4$b$/25（$b$＞25 时） |

续上表

| 项目 | 焊缝种类 | 质量标准(mm) |
|---|---|---|
| 余高铲磨后表面 | 横向对接焊缝 | 不高于母材0.5 |
| | | 不高于母材0.3 |
| | | 粗糙度 Ra50 |

(2)焊缝探伤验收标准见表3.2-2。

焊缝探伤验收标准　　　　　　　表3.2-2

| 项　目 | 探伤数量 | 探伤部位(mm) | 板厚(mm) | 检 验 等 级 |
|---|---|---|---|---|
| Ⅰ、Ⅱ级横向对接焊缝 | 全部焊缝 | 全长 | 10~45 | B |
| | | | >46~56 | B(双面双侧) |
| Ⅱ级纵向对接焊缝 | | 两端各1000 | 10~45 | B |
| | | | >46~56 | B(双面双侧) |
| Ⅱ级角焊缝 | | 两端螺栓孔部位并延长500,板梁主梁及纵、横梁跨中加探1000 | 10~45 | B |
| | | | >46~56 | B(双面双侧) |

### 3.2.3　首节段钢箱梁制造

钢箱梁总拼的板单元几何尺寸精度、平面度、焊缝外观及内在质量均满足《鹅公岩轨道大桥钢箱梁制造验收规则》的相关要求,能够保证现场钢箱梁整体拼装的需要。

钢箱梁焊缝外观成型良好,内在质量优良,焊缝一次探伤合格率达到了99.59%以上,成品探伤合格率达到100%,焊缝接头力学性能满足设计和规则要求。

## 3.3　钢箱梁预拼装

梁段整体组装与焊接是整个钢梁制造的关键,其工艺的合理与否直接关系着钢梁的制造质量和进度,为此我们充分吸收以往钢箱制作的经验,梁段整体组装采用立体、阶梯推进方式生产,在总拼胎架上采取"正装法"依次组焊7~9段钢箱梁(总拼装长度105m),即以预拼装胎架为外胎,以横隔板为内胎,依次将各梁段的底板单元、斜底板单元、横隔板单元、中腹板单元、锚腹板单元、顶板单元、风嘴块体及其他零部件在胎架上组焊成梁段整体。具体流程如图3.3-1所示。

箱梁组装通过测量塔和横向基准点即"三纵一横法"控制板块、板单元就位,在尽可能少的码板约束下施焊,具体操作步骤如下:

(1)底板组焊:以中间测量塔和横基线为基准定位桥轴线处的底板板块,再按纵、横基准线以桥轴中心线向两侧对称组装底板单元,并用马板与胎架弹性焊连接固定。检查合格后,对称施焊,依次组装至斜底板单元处。

(2)斜底板组焊:以边测量塔和横基线为基准定位组装斜底板单元,并用马板固定。焊接斜底板与底板纵向焊缝。

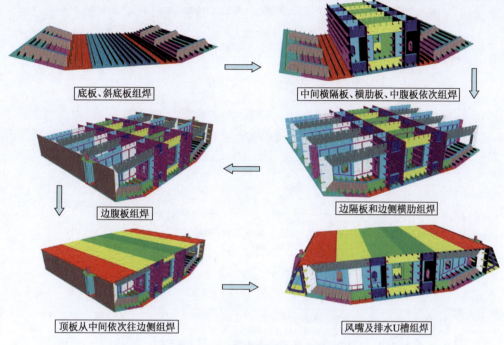

图 3.3-1 梁体总拼组焊工艺流程图

（3）中腹板、横隔板单元、横肋组装：以中间测量塔为基准，先定位组装中间横隔板单元和横肋。依次组装中间中腹板、边侧中腹板、边隔板、边横肋及边腹板，在中腹板、隔板和横肋组装完后，检查腹板位置和隔板角度，以边侧测量塔为基准组装边腹板单元。重点控制边腹板（锚箱）与桥轴中心线的距离，保证吊索耳板孔位置准确。待锚拉板中心距（含工艺量）及其他项点合格后，点焊定位。在组装过程中辅以顶拉工具控制隔板位置精度和垂直度等项点，并保证隔板安全定位，使横隔板间距等项点满足标准要求。待检验合格后从中心向两侧焊接横隔板和腹板，首先焊接熔透焊缝，探伤合格再焊接结构焊缝。等腹板和隔板焊接完成后，以中间测量塔为基准，组装中间顶板单元，检测合格后焊接。依次组装、焊接剩余顶板，以边腹板为基准，配切边顶板，保证组装间隙，最后焊接边顶板与边顶板角焊缝。

（4）风嘴组装：先组装风嘴块体，再组装锚箱部位的风嘴和泄水槽。最后整体焊接。注意边跨钢箱梁风嘴单发到桥位，等顶推过主塔后安装焊接。

## 3.4 钢箱梁防腐涂装

钢箱梁防腐涂装施工工艺流程如图 3.4-1 所示。

涂装环境要求：在气温 5℃ 以上，相对湿度低于 85% 的气候条件中进行。如果条件不符合或雨天时，严禁作业；构件要保持干燥；施工时应重点注意防尘和环境保护。热喷铝施工完成后，在天气好的情况下间隔时间不得超过 4h，在潮湿或工业大气含盐雾时不得超过 2h，必须进行下一道工序。

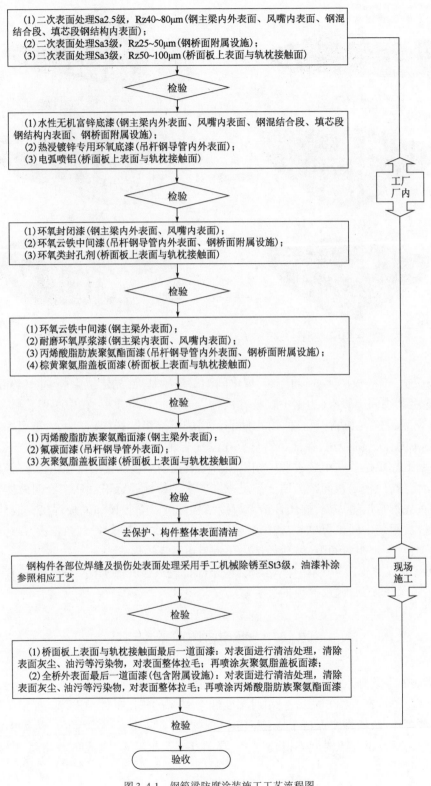

图 3.4-1　钢箱梁防腐涂装施工工艺流程图

## 3.5 钢箱梁运输

钢箱梁水路运输路线:中铁宝桥(扬州)有限公司重件码头船板接货,水路运输经长江下游镇江、仪征、南京、芜湖、安庆、黄石、过武汉(以下线路武桥与宝桥相同)进入长江中游,经长江中游牌洲、洪湖、螺山、城陵矶、监利、沙市、枝城到达宜昌,过葛洲坝进入长江上游,过三峡大坝经巴东、奉节、云阳、万县、忠县、丰都、涪陵、长寿到达重庆,过重庆经猪儿碛、重庆长江大桥、黄沙溪最后到达重庆鹅公岩轨道大桥桥位船板交货。船舶运输航线跨越长江下游835km、长江中游626km、长江上游下段658km、长江上游上段9.5km,共计航程2128.5km。

### 3.5.1 钢箱梁装载加固

钢箱梁节段主选7000t级船舶运输,1200t级甲板重件船作为备用船舶。水上运输路途长,必须进行装载加固。

1)支垫

设备在起吊前,根据配载示意图在船舱预计的每一个钢箱梁装载位置摆好6个钢支墩(钢支墩高度为0.6m、长为0.5m、宽为0.5m),在钢支撑与船舶货舱甲板之间、钢支墩上端与钢箱梁接触端用5~10mm的防滑材料(如橡皮、棕垫等)衬垫,同时避免钢支撑与钢箱梁硬接触损伤钢箱梁或划伤钢箱梁表面油漆而影响质量。

2)支衬

装载完毕每个钢箱梁节段后,在每件钢箱梁设备的前后使用三角支架2个(1500mm×1500mm×300mm)分别衬档,并将三角支架牢固焊接于船舶载货甲板上,三角支架与钢箱梁间用薄木板衬垫,防止损伤钢箱梁或钢箱梁的面漆,并用木楔楔紧。

3)捆扎

为防止在运输途中船舶摇摆(即横倾、纵倾),在每件钢箱梁设备的中上部两侧,利用其吊环等部件,分别使用4根 $\phi17.5mm$ 钢丝绳、$\phi28mm$ 紧固螺栓、配套绳卡等将钢箱梁设备从四周紧固于船舶载货甲板焊接的地环上,保证钢箱梁和船体固定为一个整体,以防止在运输途中移位和横倾,确保运输安全的万无一失。

### 3.5.2 钢箱梁转运

因重庆九龙坡侧为长江浅滩,船舶运输箱梁无法到达桥位下方进行吊装。因此,为顺利完成箱梁的吊装,保证箱梁吊装的及时性和安全性,在桥下九龙坡(西岸)侧长江浅滩进行疏浚,形成吊装船舶进出通道和停泊水域。局部地方在水位下降水深不足时采用转驳方案进行施工。钢箱梁转驳如图3.5-1所示。

转驳平板驳:75m×13m×3.9m,转载两段梁平均吃水1.1m;转载一段梁平均吃水约为0.9m。

转驳拖轮:拟采用吃水和操控性能均适合转运的1000hp(1hp=735W)左右拖轮。

转运方式:①利用南岸起重机和浅吃水驳船在南岸吊转;②由小拖船编队自南岸水域驶离至北岸定位水域。

图 3.5-1　钢箱梁转驳

### 3.5.3　河道疏浚

由于受桥梁两侧地形限制,大型箱梁运输及吊装无法解决;鹅公岩轨道大桥所处江段航道条件复杂,枯水期航道较窄,且九龙坡侧为长江浅滩,船舶运输箱梁无法到达桥位下方进行吊装。因此,为顺利完成箱梁的吊装,保证箱梁吊装的及时性和安全性,对桥下九龙坡(西岸)侧长江浅滩进行疏浚,形成吊装船舶进出通道和停泊水域。

考虑到箱梁运输船队的停泊及吊装作业要求,将疏浚区域布置为不规则形状,其中停泊、吊装区域为近似矩形,进出通道为朝向下游的喇叭口形状,如图 3.5-2 所示。为避免对桥墩的干扰,并考虑到边跨的吊装要求,将岸侧疏浚基线布置在 4 号临时墩外侧,左桥墩筑岛围堰外围控制线外 40m 位置处,长度考虑船舶长度加一定富裕宽度,取为 150m。

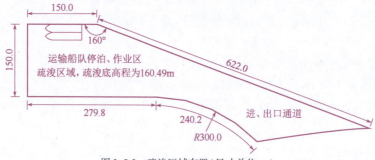

图 3.5-2　疏浚区域布置(尺寸单位:m)

考虑到中跨的吊装要求,吊装区域需逐步往河心移动,当中跨 2~11 节钢箱梁吊装时,箱梁运输船舶停泊水域大概位于桥墩外侧 40~170m 处,而根据实测地形图,该范围内地面高程在 165~168m 之间,结合工程河段近年水位来看,均不能满足箱梁运输船舶的吃水要求。而当中跨 12~20 节钢箱梁吊装时,箱梁吊装区域继续往河心移动,此时,工程位置近年水位在 169.17~168.74m 之间,而吊装区域地面高程在 165m 及以下,能够满足箱梁吊装船舶的吃水要求。因此,综合考虑上述情况,桥梁轴线方向需要疏浚的范围约为左桥墩外侧 40~170m 间约 130m 的范围(图 3.5-2),考虑一定的富裕宽度,最后确定疏浚区域宽度为 150m。

因箱梁运输船队均由桥位下游进、出吊装水域,为便于船舶的操纵,将下游侧进出通道布置为喇叭口形状,且尽量与航道平顺衔接。

# 第4章 临时斜拉结构施工

## 4.1 桥梁施工临时结构布置

鹅公岩轨道大桥主桥为特大跨钢——混凝土混合加劲梁自锚式悬索桥,采用先形成临时斜拉结构,再转换成悬索结构的施工方法,也就是需要采用临时支架进行锚跨及锚固结构浇筑施工,采用临时支架进行边跨钢箱梁顶推施工以及采用临时斜拉结构进行中跨钢箱梁悬臂拼装施工。鹅公岩轨道大桥临时斜拉结构施工总体布置如图4.1-1和图4.1-2所示。

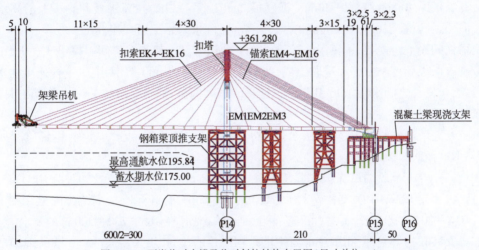

图4.1-1 西岸临时支撑及临时斜拉结构布置图(尺寸单位:m)

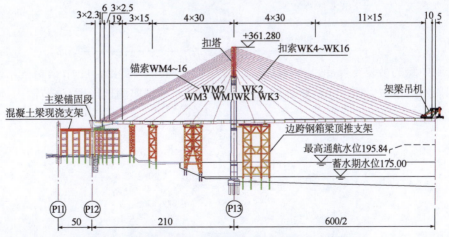

图4.1-2 东岸临时支撑及临时斜拉结构布置图(尺寸单位:m)

## 4.2 临时斜拉结构设计

临时斜拉索结构系通过在桥梁索塔顶设置临时钢扣塔形成。当采用高临时扣塔设计时，可保证斜拉索具有较大的水平夹角，使得在悬臂拼装过程中的钢箱梁受力更为安全可靠。但因临时扣塔安装、拆除的安全风险也随之增大，费用也将增加。当采用低临时扣塔设计时，施工风险和费用可以最低，但因斜拉索的水平夹角较小，对悬臂拼装过程中的钢箱梁受力不够有利。

本桥对37.5m、42.5m、47.5m三种不同的塔高进行比选，按正装法对斜拉桥成桥过程进行分析，最终在高塔和低塔之间选择了合理的临时扣塔高，即42.15m。

临时扣塔位于主塔上横梁顶，由两根塔柱和塔间连接系组成，扣塔底部与主塔采用锚栓连接，扣塔高度为42.15m，由九节段组成，第一、二、三节段间采用焊接，第三~九节段间采用摩擦型高强螺栓连接。横向采用五道横撑连接。

临时扣塔柱截面为箱形，从塔底至塔顶采用等截面布置，塔柱截面顺桥向高5.6m，横桥向宽3m，翼缘板厚40mm，腹板厚30mm，横隔板间距1.6~2.9m，在翼缘板和腹板上沿高度方向焊有竖向加劲肋，横隔板与加劲肋厚度均为24mm，隔板采用三面焊接。

两塔柱间设五组连接系，每组连接系由上下两道平面框架和框架间斜撑组成。上、下平面框架分别由两根弦杆和弦杆间平联组成，弦杆采用HW400×400型钢，上下弦杆连接在塔柱横隔板位置，与塔柱之间采用M30高强螺栓连接。框架间斜撑采用$\phi426\times8mm$钢管，斜撑杆与上下弦杆之间采用销接。

第三~九节段两侧各16对斜拉索，其锚固端通过的锚梁焊接于塔柱内，钢锚梁有四种规格，为箱形截面。

扣塔第一~五节段的翼缘板和腹板采用Q420qE材质，其余节段及构件采用Q345qD钢材，连接系、索导管采用Q235B钢材。Q420qE、Q345qD钢材标准应符合《桥梁用结构钢》（GB/T 714—2015）；Q235B钢材标准应符合《碳素结构钢》（GB/T 700—2006）的要求。

扣塔安装在主塔上部，扣塔底部与主塔采用锚栓连接，扣塔采用T630-32塔吊现场吊装组拼，扣塔及塔式起重机现场布置如图4.2-1所示。

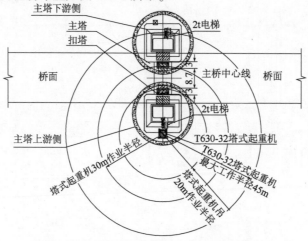

图4.2-1　扣塔及塔式起重机现场布置示意图(尺寸单位:m)

为方便方案对扣塔安装的描述,在此对4组扣塔进行编号,东岸上游侧扣塔编号为kT-01,东岸下游侧扣塔编号为kT-02,西岸上游侧扣塔编号为kT-03,西岸下游侧扣塔编号为kT-04。T630-32塔式起重机安装在主塔上游侧,因此上游侧扣塔吊装作业半径为20m,下游侧扣塔吊装作业半径为30m。

## 4.3 临时扣塔安装

临时扣塔采用32t塔式起重机吊装组拼,扣塔分为9个制造节段,其中节段一~三采用焊接,节段四~九分成两组吊装,两组横向现场采用螺栓连接,节段之间也采用螺栓连接。扣塔立面布置及锚梁、索导管分布如图4.3-1所示。

以东岸侧扣塔为例,在螺栓连接和焊接位置四周布设好可拆卸施工平台,并在扣塔内部设置爬梯,施工平台及爬梯便于扣塔安装和拆卸,并方便挂索。图4.3-2为平台布设示意图。

扣塔组拼过程如下:

(1)现场设备、工具及人员准备到位。对扣塔安装位置进行清理,对高程进行复测,做好首件安装准备工作。

(2)先利用塔式起重机T630-32吊装A1节段,吊装完成后把A1节段与主塔顶部进行锚固,并对A1底部注浆找平。

(3)吊装A2节段,吊装完成后对A2节段进行测量定位,然后把A2节段与A1节段进行焊接。

(4)吊装A3节段,吊装完成后对A3节段进行测量定位,然后把A3节段与A2节段进行焊接,最后吊装横向连接系1的底面横梁与两侧A3螺栓连接。

(5)吊装B4节段,吊装完成后对B4节段进行测量定位,然后把B4节段与A3节段用冲钉和部分螺栓连接固定;再进行Z4节段吊装,吊装完成后对Z4节段进行测量定位,然后把Z4节段与A3节段用冲钉和部分螺栓连接固定;吊装B4节段和Z4节段之间的纵向连接拼接板,组拼好测量调整完成后先进行纵向连接螺栓施工,纵向连接螺栓施工完成后对钢塔轴线进行测量复核。接着进行A3与B4/Z4节段之间四周螺栓连接施工,并定位施工平台;最后安装上、下游扣塔之间的横向连接系1上平面横梁和斜撑杆。扣塔组拼吊装组拼如图4.3-3所示。

(6)按以上步骤完成节段B5/Z5~B9/Z9吊装组拼,扣塔组拼如图4.3-4所示。

扣塔共分为9个节段,其中节段A1、A2、A3为整体,重心在构件重心。节段B4/Z4、B5/Z5、B6/Z6、B7/Z7、B8/Z8、B9/Z9横向分为两半,现场吊装组拼,需要计算扣塔节段4~9的吊装重心。经计算,扣塔B4/Z4~B9/Z9吊耳布设及重心示意如图4.3-5所示。

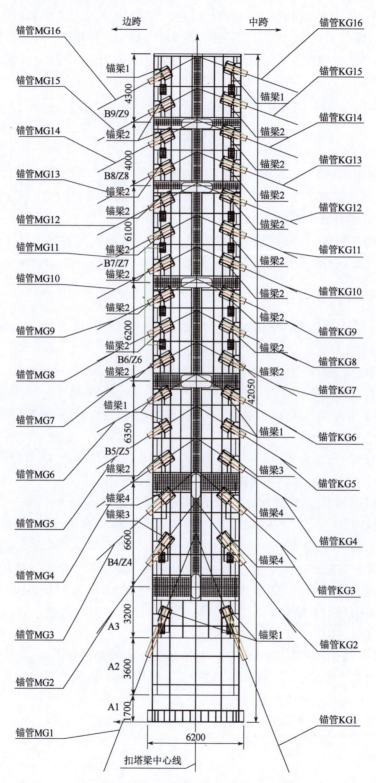

图 4.3-1　扣塔立面布置及锚梁、索导管分布(尺寸单位:mm)

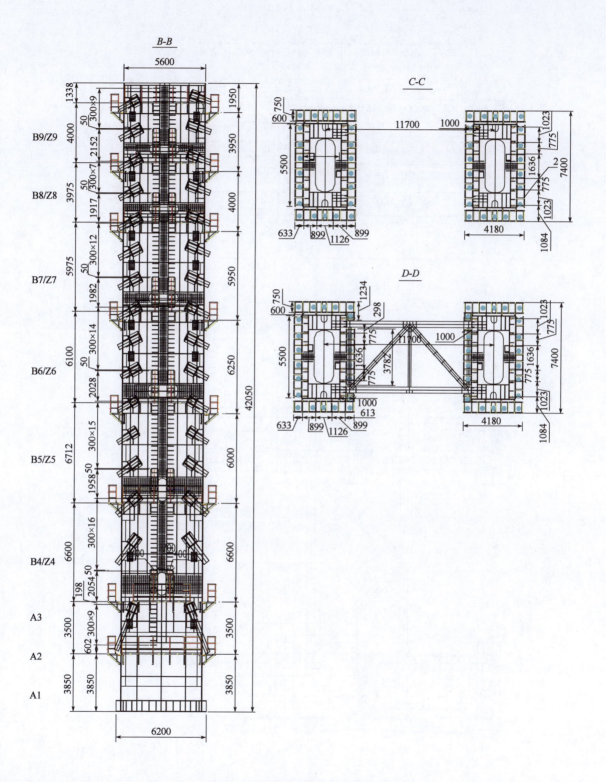

图 4.3-2 平台布设示意图(尺寸单位:mm)

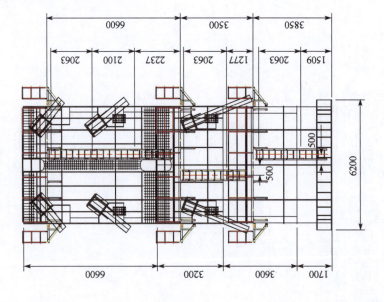
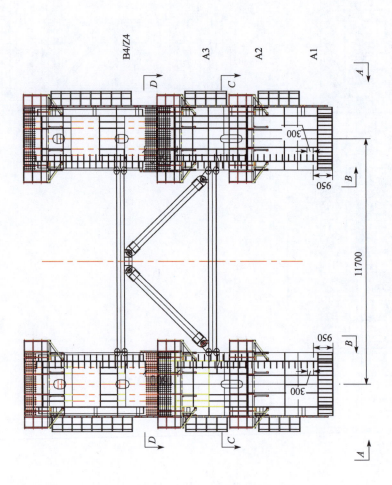

图 4.3-3　扣塔组拼吊装组拼示意图（尺寸单位：mm）

# 第4章 临时斜拉结构施工

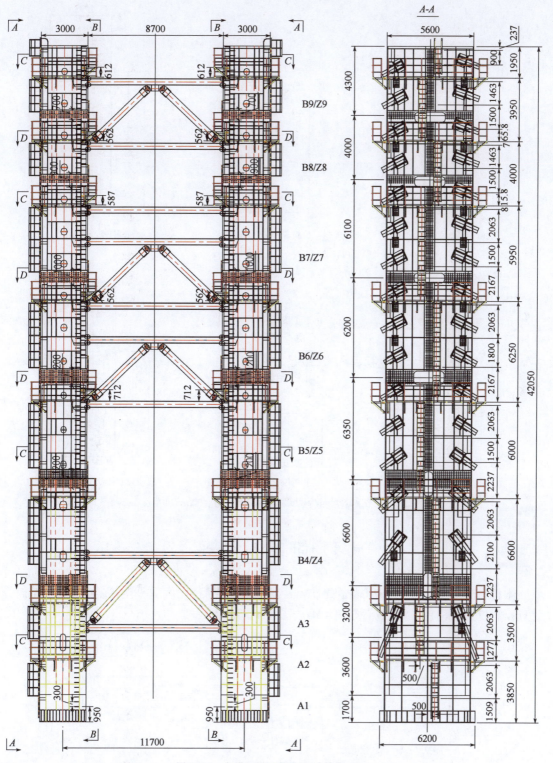

图 4.3-4 扣塔组拼示意图(尺寸单位:mm)

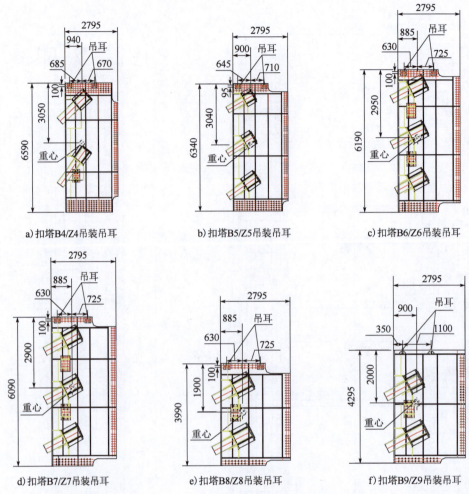

图 4.3-5  扣塔 B4/Z4～B9/Z9 吊耳布设及重心示意图(尺寸单位:mm)

## 4.4 临时斜拉索安装

本桥临时斜拉索采用 1670MPa 级 $\phi$7mm 高强钢丝成品索,两端采用冷铸锚具,表面镀锌处理。斜拉索结构、斜拉索断面如图 4.4-1、图 4.4-2 所示。

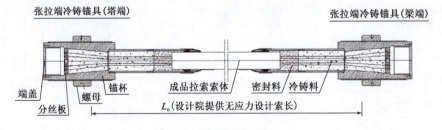

图 4.4-1  斜拉索结构示意图

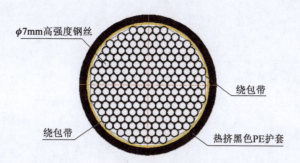

图 4.4-2　斜拉索断面图

1）安装工艺流程

临时斜拉索安装工艺流程如图 4.4-3 所示。

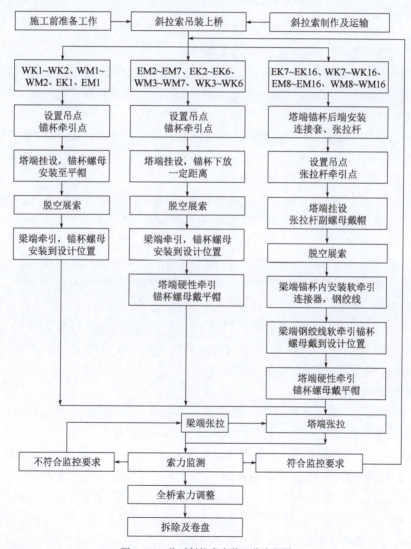

图 4.4-3　临时斜拉索安装工艺流程图

2）塔端挂索

塔端斜拉索安装工艺如图 4.4-4 所示。

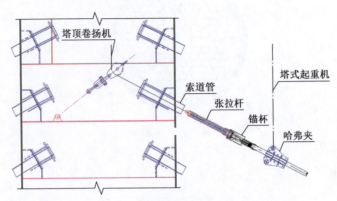

图 4.4-4 塔端斜拉索安装工艺示意图

（1）Wk1～Wk2、WM1～WM2、Ek1 以及 EM1 斜拉索

用塔式起重机将置于 300kN 放索盘上的索体拉出 8m 长度放置在梁面上，在斜拉索锚杯后端安装牵引板。塔顶 50kN 卷扬机钢丝绳从塔内放下，穿过塔内对应钢锚梁处转向滑轮、锚杯螺母，从索导管内向下引出，下放至桥面并与牵引板连接。在距锚杯 5～10m 处索体上用 200kN 专用软质吊装带设置吊点，塔式起重机吊钩放下吊起吊装带。在吊起的同时 50kN 卷扬机启动，50kN 卷扬机与塔式起重机相互配合进行塔端挂设，此过程主要受力由塔式起重机承担，当锚杯提升到塔端索导管口时，增大卷扬机牵引力，同时利用塔式起重机调整锚杯与索导管角度，使锚杯角度与索导管角度一致。将斜拉索锚杯牵引出塔端锚垫板，锚杯露出锚垫板 5～6 丝时停止牵引，锁紧锚杯螺母，然后继续牵引直至旋至平帽，塔端挂设完成。

（2）Wk3～Wk16、WM3～WM16、Ek2～Ek16 以及 Wk2～Wk16 斜拉索

用塔式起重机将置于 300kN 放索盘上的索体拉出 6～8m 长度放置在梁面上，在斜拉索锚杯后端分别安装连接套、7500kN 张拉杆。塔顶 50kN 卷扬机钢丝绳从塔内放下，穿过塔内对应钢锚梁转向滑轮、张拉杆副螺母、锚杯螺母，从索导管内向下引出，下放至桥面并与张拉杆后端牵引板连接。在距锚杯一定距离处索体上用 200kN 专用软质吊装带设置吊点，塔式起重机吊钩放下吊起吊装带。塔顶 50kN 卷扬机与塔式起重机相互配合将 7500kN 张拉杆牵引出塔端锚垫板，张拉杆副螺母戴平帽，塔端挂设完成。

3）梁段展索

如图 4.4-5 所示，斜拉索在放索盘上剩余索体的展开，采用塔式起重机、桥面汽车起重机等吊装机具提升索体的方式直至将斜拉索梁端锚杯脱离放索盘。

当梁端锚杯脱空放索盘 0.5～1.0m 时，停止提升，梁面 50kN 卷扬机钢丝绳通过转向滑车与梁端锚杯相连，落下索体，将锚杯安置在锚杯小车上，50kN 卷扬机收绳，收绳的速度与索体下落的速度匹配好，严禁歪拉斜拽，直至将梁端锚杯牵至对应索导管附近，用钢丝绳将索体锚杯临时固定，对下一根塔端安装到位的拉索进行桥面展索。展索的过程中，索体与梁面之间间隔 4～5m 放置一台单轴小车，防止索体与梁面接触造成损伤。小车之间铺垫橡胶皮以防护索体损伤。

图 4.4-5　梁段展索方案图

4）梁段卷扬机牵引

梁端锚固工艺与梁端卷扬机牵引如图 4.4-6、图 4.4-7 所示。

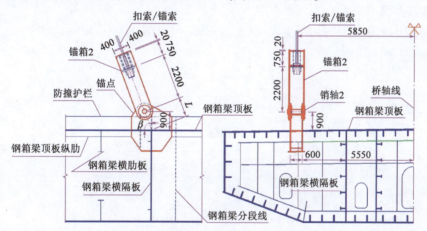

图 4.4-6　梁端锚固工艺示意图（尺寸单位：mm）

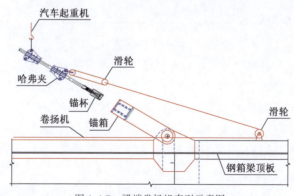

图 4.4-7　梁端卷扬机牵引示意图

(1)Wk1~Wk2、WM1~WM2、Ek1以及EM1斜拉索

在距梁端锚杯4~6m处的索体上安装300kN专用哈弗夹,用200kN软制吊装带(走双)设置牵引点,与300kN梁面卷扬机牵引系统相连。哈弗夹上设置吊点,250kN汽车起重机吊起吊点,启动梁面卷扬机牵引系统,当锚杯牵引到梁面索导管口时,利用250kN汽车起重机调整锚杯倾角,使其与梁端索导管轴线一致。此过程由专人指挥索体提升的快慢,严防锚杯丝扣受损。当锚杯及延长筒全部进入索导管时,在索导管下端口上铺设橡胶皮或麻布袋,严防牵引后期索体与索导管下端口直接接触造成损伤。当锚杯露出梁下锚垫板5~6丝时,停止牵引,梁端锚杯安装螺母,继续牵引,直至将梁端锚杯螺母戴至设计位置。

(2)EM2~EM7、Ek2~Ek6、WM3~WM7以及Wk3~Wk6斜拉索

卷扬机牵引之前,塔端安装张拉设备,将塔端锚杯分丝板下放一定距离,减小梁端牵引力。当张拉杆副螺母戴平帽时,安装300kN梁面卷扬机牵引系统,当锚杯牵引到梁面索导管口时,利用250kN汽车起重机调整锚杯倾角,使其与梁端索导管轴线一致。此过程由专人指挥索体提升的快慢,严防锚杯丝扣受损。当锚杯及延长筒全部进入索导管时,在索导管下端口上铺设橡胶皮或麻布袋,严防牵引后期索体与索导管下端口直接接触造成损伤。当锚杯露出梁下锚垫板5~6丝时,停止牵引,梁端锚杯安装螺母,继续牵引,直至将梁端锚杯螺母戴至设计位置。

5)梁端软牵引

梁端软牵引适用Ek7~Ek16、Wk7~Wk16、EM8~EM16、WM8~WM16斜拉索。梁段钢绞线软牵引如图4.4-8所示。

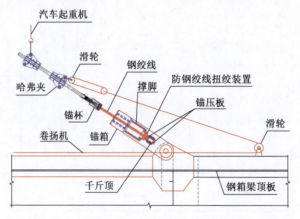

图4.4-8 梁段钢绞线软牵引示意图

软牵引启动前先将多根钢绞线根据钢绞线上的长度标记调成等长。调等长时可用人工或270kN千斤顶进行。启动梁下软牵引系统。开始进行梁端软牵引,当张拉杆或锚杯进入索导管时,利用汽车起重机提升索体来逐步提高锚杯的倾角,使其与索导管轴线一致,此过程由专人指挥索体提升的快慢,严防张拉杆或锚杯丝扣受损。当锚杯及延长筒全部进入索导管时,在索导管下端口上铺设橡胶皮或麻布袋,严防牵引后期索体与索导管下端口直接接触造成损伤。

当梁端锚杯露出锚垫板6~7cm时,安装锚杯螺母,以保证后期牵引安全。继续软牵引,

同时旋紧锚杯螺母,直至将梁端锚杯牵引到设计位置。

拆除软牵引体系,检查钢绞线表面的受损情况,视受损情况的程度来决定是否更换钢绞线,以便于下一根斜拉索的安全牵引。

6)临时斜拉索塔端硬牵引及张拉

在塔端张拉杆后安装接长杆及其螺母、撑脚和千斤顶。利用千斤顶将斜拉索锚杯牵引到设计位置,锚杯螺母旋至设计锚杯位置,完成斜拉索的张拉。

由于塔端张拉空间有限,最小净空仅1.6m,故采用三根张拉杆,其中张拉杆1承载力为6200kN,长1.3m,主要用于牵引及张拉斜拉索,张拉杆2和张拉杆3承载力为3200kN,长度均为0.5m,主要用于牵引斜拉索。

临时斜拉索张拉步骤如图4.4-9所示。

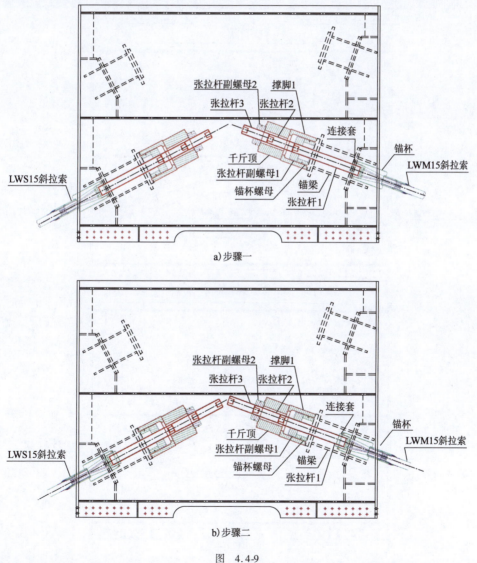

图 4.4-9

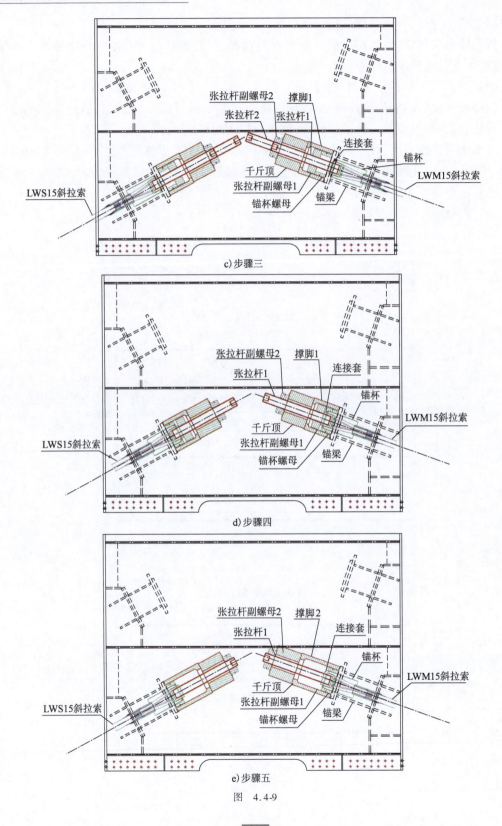

图 4.4-9

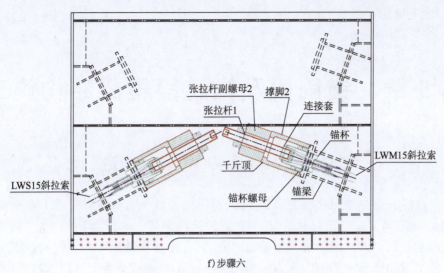

f) 步骤六

图 4.4-9 临时斜拉索张拉步骤

步骤一:安装硬牵引及张拉设备。
步骤二:利用千斤顶牵引斜拉索,直至张拉杆 3 恰好可以拆除时将其拆除。
步骤三:继续牵引斜拉索 0.5m,之后拆除张拉杆 2。
步骤四:继续牵引斜拉索至锚杯螺母旋至平扣。
步骤五:利用撑脚 2 替换撑脚 1。
步骤六:张拉斜拉索,将锚杯螺母旋至设计位置,之后拆除牵引和张拉设备。

长索(LWS8~LWS16,LWM7~LWM16,LES8~LES16,LEM7~LEM16)安装塔端张拉杆副螺母旋至平扣,塔式起重机将索体脱空后进行梁面展索,梁端采用卷扬机牵引系统辅助梁端钢绞线软牵引,将梁端锚杯牵引至设计位置,之后张拉斜拉索。

# 第 5 章　锚固段及锚跨段箱梁结构施工

## 5.1　锚固段及锚跨段箱梁构造

锚固段及锚跨全长约86m,锚跨长约50m,锚固段长约36m。锚跨采用单箱三室混凝土箱梁结构,梁高由4.5m变化到10m,其中曲线段梁高采用1.8次抛物线变化,锚跨按预应力混凝土结构进行设计。锚固段采用单箱多室结构,箱室数量根据受力及构造需要进行局部变化。锚固段由于有主缆轴向压力的作用纵向设计为钢筋混凝土结构,仅在其与钢混结合段相接位置布置少量预应力。锚固段及锚跨结构构造立面、平面图如图5.1-1、图5.1-2所示。

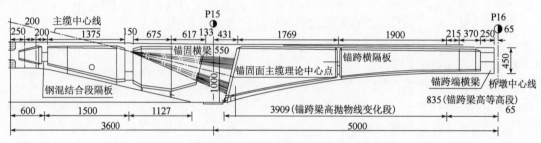

图 5.1-1　锚固段及锚跨结构构造立面图(尺寸单位:cm)

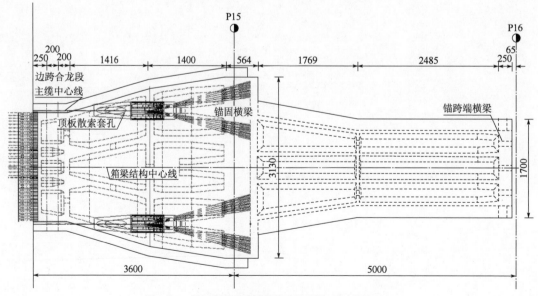

图 5.1-2　锚固段及锚跨结构构造平面图(尺寸单位:cm)

除纵向预应力外,在锚固横梁、支承横梁、钢混结合段隔板均布置有横向预应力。在主梁梁高变化段内布置有竖向预应力,以提高结构整体受力性能,锚固段及锚跨结构混凝土均采用C55高性能混凝土。

(1)顶板:锚跨顶板厚度32cm,锚固段顶板厚度5cm,与钢混结合段相接的局部顶板厚度加厚到75cm。

(2)底板:锚跨底板厚度30～70cm变厚,在锚跨梁高曲线变化段范围内按1.8次抛物线变化,锚固段底板厚度50cm,与钢混结合段相接的局部底板厚度加厚到70cm。

(3)腹板:锚跨腹板厚度55～80cm变厚,锚固段范围内腹板厚度取100cm,与钢混结合段相接局部位置,腹板厚度按标准段锚固段及锚跨腹板厚度比例设置。

(4)横梁与隔板:锚固横梁厚度550cm,支撑横梁厚度150cm,锚跨端横梁厚度250cm,结合段横梁厚度150cm,钢混结合段隔板厚度100cm,锚跨隔板厚度50cm。

(5)风嘴:风嘴结构保持与标准段锚固段及锚跨一致,混凝土箱梁相应位置预留预埋件焊接安装。风嘴内设纵向排水槽。

## 5.2 锚固段及锚跨段箱梁施工

### 5.2.1 支架体系

锚固段及锚跨段箱梁采用钢管支架施工。钢管支架施工工艺流程:条形基础施工→钢管立柱安装→连接系安装→分配梁安装→贝雷片安装→横梁安装→碗扣架、钢桁架安装→底模板安装。东、西岸锚固段支架立面布置如图5.2-1、图5.2-2所示。

完成支架基础施工后,在基础顶面预埋件上焊接钢管立柱,钢管立柱施工采用履带起重机和汽车起重机进行安装,钢管立柱的接长均采用破口对焊的方式。钢管立柱的施工精度要求为:平面位置偏差:±10cm;倾斜度:≤1%。钢管立柱的最终长度将根据钢管立柱设计顶高程进行控制。

相邻两排钢管立柱完成安装后应及时进行横联及斜撑安装,采用连接系横杆,HW300×300型钢,斜杆采用HW400×400型钢制作。横联及斜撑钢管设置的目的主要是提高支架的整体稳定性,横联设置的间距应严格按照设计图纸进行施工。横联、斜撑钢管具体施工方法为:在后场将横联、斜撑钢管按照图纸的尺寸下料,并将其一端按钢管立柱的弧度要求下好料,同时按照钢管立柱的弧度准备好哈弗板,在前场施工中,首先将下好料的一端与钢管立柱按设计位置对好位焊接,然后用哈弗板将另一端与钢管桩焊接。横联、斜撑钢管与钢管立柱焊接形成全周连续角焊缝,焊角高度按设计要求进行。特别应注意横联、斜撑与钢管立柱的焊接质量。

### 5.2.2 柱顶承重梁制安

1)锚固段柱顶承重梁

(1)砂筒安装

锚固段浇筑完成后,在后续施工中,需要进行墩顶体系转换,因此,需要在东西两岸桥墩两侧钢管立柱顶设置砂筒,砂筒分为640t、480t、340t三种规格。

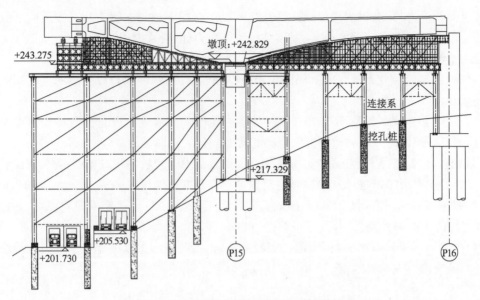

图 5.2-1 东岸锚固段支架立面布置图(高程单位:m)

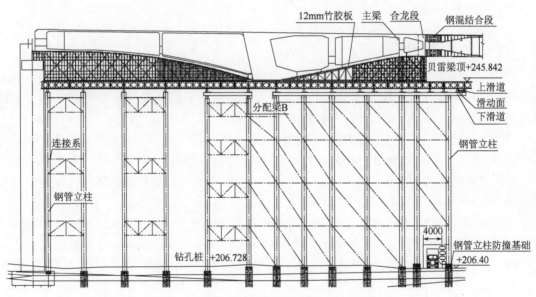

图 5.2-2 西岸锚固段支架立面布置图(高程单位:m)

(2)砂筒设计

以 340t 砂筒为例,外圆筒用内径 470mm,高度 280mm,厚 30mm 的无缝钢管制作,下垫板用厚 27mm,边长 590mm 的正方形钢板焊在钢管底部,起到稳固和封底口的作用。在钢管外圆筒侧面距下垫板 38mm 处设置螺丝口,然后拧上螺丝,螺丝直径为 22mm,它是沙子流出时的开关。内圆筒直径略小于外圆筒直径,用直径(外径)450mm,高 250mm,厚 16mm 的无缝钢管制作,底口用 16mm 钢板封死,内圆筒加工好后在钢管中灌注 C30 混凝土,待达到强度后即可使用。外圆筒和内圆筒均由厂家按照图纸备料焊接,确保砂筒焊接质量。砂筒结构如图 5.2-3 所示。

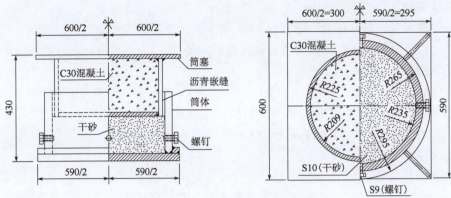

图 5.2-3　砂筒结构图(尺寸单位:mm)

(3)砂筒质量控制要点

①装砂。

选用过筛后的细砂,流动性好,含泥量不大于2%,并对砂进行干燥处理,使得含水量不大于1%,经过检验以上指标合格后方可装砂。

②测控并确定每个砂筒的高度。

现场要精确进行高程测量,主要测量砂筒放置区钢管柱顶实际高程,从而确定每个砂筒的实际高程,并预留3~5mm的沉降。为控制滑道梁安装高程与设计高程一致,砂筒预压后进行沉降观测,待沉降稳定后记录好沉降数据,为后续砂筒的高度预留沉降量提供依据。

③砂筒预压。

首先要进行砂筒的承载力设计,确定出砂筒承载力的设计值。砂筒利用YCW650B型千斤顶在反力架上进行预压(图5.2-4、图5.2-5),反力架要确保焊接质量,满足砂筒640t最大承载力的设计要求。预压时应保证砂筒的高度及砂筒的设计承载力两个方面符合要求。如果达到承载力而砂筒的高度低于设计值,要继续加砂;如果达到承载力而砂筒的高度高于设计值,要进行减砂,直到两个方面都满足要求。

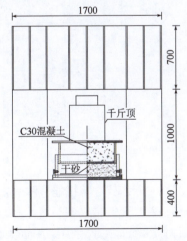

图 5.2-4　砂筒预压布置图(尺寸单位:mm)

图 5.2-5　砂筒预压图

④砂筒安装。

因砂筒型号及钢管柱顶面实际高程不同,每个砂筒都对应每个固定的位置,不可混乱使用导致高程错误。砂筒在安装完后要进行高程复核测量,高程合格后方可进行滑道梁吊装。

(4)滑道梁及滑动面安装

锚固段滑道梁分为上、下两层。下滑道梁采用3HN700×300对拼,顺桥向布置与钢管柱柱帽上,间距3.2~4m,共计9道,长度7.9~37.32m;上滑道梁采用2HN700×300对拼,横桥向布置于滑动面上,间距3~6m。共计11道,长度24.05~32.6m。为加强滑道梁受力,滑道梁双侧需焊接652mm×144mm×10mm劲板。

①滑道梁安装。

锚固段设置有2台TC7035B-16型塔式起重机,其中下滑道梁长度大,吊装重量大(最大吊重20.7t),因此下滑道梁需分节段吊装。

如图5.2-6所示,下滑道梁安装前,测量班测量钢管柱柱帽顶高程,然后根据砂垫高度用薄钢板抄平,滑道梁节段间对接时,严格控制错台误差,同时对接处要剖口焊接,确保焊接质量。

图5.2-6 下滑道安装现场施工图

②滑动面安装。

滑动面(图5.2-7)由下往上分别为底层20mm钢垫板、4mm不锈钢板、4mm聚氟乙烯板、顶层20mm钢垫板。滑动面由厂家负责加工,顶、底钢垫板平整度及滑动面摩擦系数满足设计要求:<0.05。滑动面安装完成后(图5.2-8)设置防尘罩,保证摩擦面清洁。

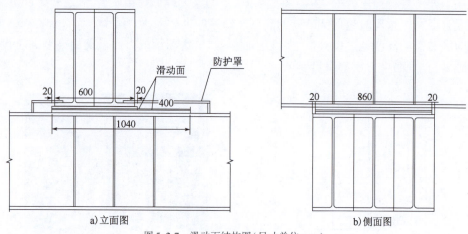

图5.2-7 滑动面结构图(尺寸单位:mm)

③上滑道梁安装。

上滑道梁位于砂筒与滑动面上。上滑道梁最大吊重12t,塔式起重机能整体吊装(图5.2-9)。为改善上滑道梁横向受力性能,增大滑道梁横向刚度,在上滑道梁之间设置水平连接系,连接系杆件采用HW200×200型钢,与上滑道梁下翼缘焊接。同时在下滑道梁顶面设置限位装置,在锚固段支架安装和混凝土浇筑时,将上滑道梁锁定,边跨合龙时将限位装置解除。

图 5.2-8 滑动面安装现场施工图

图 5.2-9 上滑道梁安装现场施工图

2）锚跨段柱顶承重梁

柱顶承重分配梁采用双肢 700×300H 型钢形式，横向分配梁腹板内均设有加劲板，加劲板采用 652mm×10mm×144mm 钢板，加劲板间距按照锚跨段布置图施工，焊接满足角焊缝设计及规范要求。

首先在后场按图纸长度下好料，将加劲板焊接好，制作成完整的柱顶分配梁，然后车运至施工地点，采用塔式起重机将分配梁吊至桩顶位置。分配梁可分段制作、分段吊装，最后焊接成整体。

### 5.2.3 贝雷梁

锚固段混凝土方量巨大，浇筑混凝土方量约为 4188.9m³，因锚固段横梁及箱室结构特点，锚固段贝雷片排列密集，布置间距分别为 225mm、450mm、900mm，为增强贝雷梁整体刚度，在贝雷片间横向及底部设置 45cm 花窗和 90cm 花窗连接。同时对于设计有特殊受力要求的位置需放置加固型贝雷片。贝雷片加固如图 5.2-10 所示。

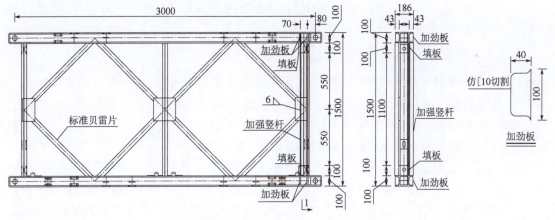

图 5.2-10 贝雷片加固示意图（尺寸单位：mm）

因锚固段横梁及箱室结构特点，锚固段贝雷片排列密集，布置间距分别为 225mm、450mm、900mm，对于间距 225m 贝雷片存在贝雷销连接困难的情况，所以贝雷片需在场地内利用 25t 汽车起重机先分组进行拼装，然后在滑道梁上进行对接。贝雷梁均采用 321 型标准节段贝雷片,沿桥梁中心线对称布置。对于间距225mm加密区贝雷片可以分为68组,长度为6~21m。

为保证贝雷梁受力满足设计要求,东西两岸锚固段支架上滑道SH1~SH5上方对应的贝雷梁竖杆全部加强。SH6、SH7、SH9~SH11上方对应间距为225mm的贝雷梁竖杆全部加强。贝雷片加强竖杆(10号槽钢)必须与贝雷片上下弦杆顶紧,不能留有空隙。

### 5.2.4 接引平台

为满足边跨钢箱梁顶推施工以及顶推到位后调整好高程、支撑钢混结合段,在锚固段支架端部设置一个接引平台。其主要结构为H型钢结构的纵梁、贝雷梁和H型钢组合的横梁结构,以及步履式顶推器分层布置。

1) 东岸接引平台

东岸接引平台底层为4排单支HN900×300型钢横梁2,间距1.5m,之间设置6道[10交叉与其进行焊接,长17.3m;第2层为6道2HN900×300型钢纵梁2,间距3m,长5.7m;第3层为7组、3拼贝雷梁、长18m的横梁1结构,其中贝雷梁分左右幅布置,单幅长度为9m,单片间贝雷梁间距为225mm,每3拼结构通过450花窗进行连接,并在顶、底部设置横向花窗进行加固;顶层为2道5.7m长的3HN900×300型钢纵梁,根据顶推器布置位置进行布设。

2) 西岸接引平台

西岸接引平台底层为4排单支HN700×300型钢横梁2,间距1.5m,之间设置6道[10交叉与其进行焊接,长17.3m;第2层为6道2HN600×300型钢纵梁2,长5.7m,间距3m;第3层为7组、3拼贝雷梁、长18m的横梁1结构,其中贝雷梁分左右幅布置,单幅长度为9m,单片间贝雷梁间距为225mm,每3拼结构通过450花窗进行连接,并在顶、底部设置横向花窗进行加固;顶层为2道5.7m长的3HN700×300型钢纵梁,根据顶推器布置位置进行布设。

接引平台相关纵梁、横梁均在现场进行加工,通过塔式起重机进行吊装安装就位。

## 5.3 锚固段混凝土浇筑

### 5.3.1 混凝土浇筑特点

(1)混凝土浇筑困难。锚跨段混凝土主梁为混凝土箱梁非规则结构,在立面和横向均有变化,结构异常复杂,其结构包含有:锚跨横隔板、锚跨端横梁、锚跨单箱3室体、纵向预应力、横向预应力、竖向预应力、钢筋等结构密集,布料点及串筒布设困难,混凝土无法输送到浇筑面,如不使用串筒无法满足规范对混凝土自由下落高度的要求。

(2)混凝土振捣困难。由于结构密集,混凝土振捣施工人员无法下到混凝土浇筑面,只能在梁顶通过长振动棒进行振捣,这种振捣方式无法看清混凝土分布情况,无法看清混凝土振捣效果,并且从10m高处往下放振动棒传动管过长且属柔性,下落过程中由于各种构件的挂碰,振动棒到浇筑面时并非是在梁顶的下棒分布点,很有可能多个振捣分布点只振捣同一点而其他点漏振,造成混凝土振捣不密实,而形成质量隐患。

(3)混凝土数量过大。整个锚跨段混凝土数量约1980m³,数量巨大,如同时使用2台混凝土泵浇筑需要50个小时左右,浇筑时间太长。重庆在每天交通高峰期对混凝土运输车进行限行,如浇筑面过大,混凝土连续性很难保证,同时对混凝土的备料、搅拌、运输、泵送、设备、场地等组织措施要求相当高,风险很大,锚跨段如此重要的结构容不得半点闪失。

(4)气温高。锚跨段在混凝土浇筑时段是重庆气温较高的月份,气温高混凝土的坍落度损失较大,如同时大量供应多台混凝土泵,需要大量配置车辆,出现坍落度损失而需进行返厂调整时数量较大,很难同时处理。

### 5.3.2 混凝土浇筑分块

根据上述特点,锚固段混凝土施工采用分次浇筑。根据混凝土施工方量及现场周边的施工条件,锚固段混凝土分4次进行浇筑,锚固梁和箱体分为两个竖向分段,锚固梁和箱体在两个区域再各水平分层,两个区域的水平分层不在同一高度上。

第一次浇筑:锚固梁下层,高4.94m,约880m³,如图5.3-1所示。

第二次浇筑:锚固梁上层,高5.06m,约867m³,施工锚固梁钢筋等结构的同时,可施工箱体区域的下层分层钢筋,增加工作面减少施工工期,如图5.3-2所示。

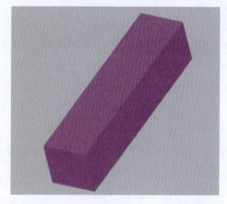
图5.3-1 锚固段锚固横梁第一次浇筑三维图

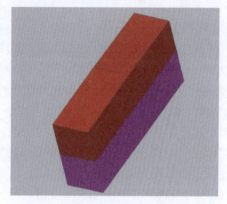
图5.3-2 锚固段锚固横梁第二次浇筑三维图

第三次浇筑:箱体下层,主要考虑在十字横梁的顶部分层,与锚固横梁分块位置高程相交错开,高度7.47~2.42m,约1532m³,如图5.3-3所示。

第四次浇筑:主要为箱体上层,部分腹板及顶板位置,高度为2.3~2.11m,约911m³,如图5.3-4所示。

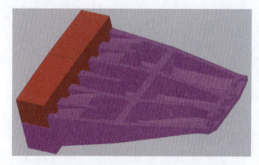
图5.3-3 锚固段第三次浇筑分块三维图

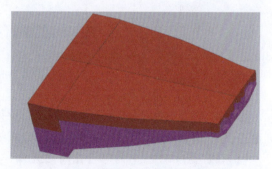
图5.3-4 锚固段第四次浇筑分块三维图

箱梁沿高度方向分二次浇筑,先浇筑底板和腹板,再浇筑顶板。混凝土浇筑前需按图纸设计制作振捣孔及下料孔,根据下料孔合理布置下料管,水平分层浇筑。

### 5.3.3 混凝土浇筑质量控制措施

(1)混凝土所用砂子、碎石、水泥、外加剂均采用与配合比试配时用料时,每联箱梁必须采用同一批水泥,以保证混凝土强度和外观的相对稳定。

(2)集料的粒径和级配是对混凝土强度影响较大的主要因素,集料不仅要满足强度等技术指标,而且根据工地使用泵送混凝土浇筑方式及箱梁钢筋间距十分密集的特点,并根据规范要求,粗集料的最大粒径不大于20mm。砂子采用中粗砂,其细度模量为2.6~3.0mm。砂石料进料时,严格控制其质量、粒径及级配,不合格产品严禁进场。

(3)梁内钢筋十分稠密,预应力管道比较多需增强混凝土和易性,混凝土试配时,应根据混凝土输送泵性能、规范要求及现场施工条件来确定混凝土坍落度,混凝土浇筑时必须派专职试验人员现场控制,每车混凝土到达现场浇筑前,试验人员必须检测混凝土坍落度,不符合要求严禁卸料。根据试验数据统计要求制作混凝土试件,另对需增加张拉时确定混凝土强度所需试件至少3组。

(4)浇筑顺序。

浇筑混凝土时按梁的断面水平分层,上层与下层前后浇筑距离不小于1.5m,每层浇筑厚度不超过30cm。在混凝土浇筑过程中,注意使混凝土入模均匀,避免大量集中入模。混凝土从中间箱室向两边进行浇筑,按照底板→腹板→顶板顺序进行浇筑。

(5)混凝土振捣。

混凝土振捣采用插入式的振动器。振捣过程中严禁振动棒触碰波纹管、模板。

振捣延续时间以混凝土获得良好的密实度表面泛浆、气泡消失为准。根据现场施工情况,一个作业班一般每箱室安排捣固人员1名,人工甩浆2人,抹面2人。施工时分段按先底板后腹板的顺序进行,腹板混凝土浇筑应分层进行,每层厚度应控制在30cm。

(6)混凝土养护。

混凝土浇筑完毕后,用土工布或塑料布覆盖,并在混凝土终凝后立即洒水养护,对于箱室内,采用蓄水养护,降低高强混凝土水化热引起的高温,养护期不少于7d。

养护由专人及时进行,当气温低于5℃时,采取冬季施工保温措施,使用塑料薄膜严密覆盖混凝土表面,不得向混凝土表面洒水。

## 5.4 边跨合龙段施工

### 5.4.1 调整合龙口尺寸

合龙前,由于各种原因影响,合龙口相对位移和转角常常无法满足合龙要求,为此需要根据监控指令采取相应措施予以调整。具体方法如下:

(1)在合龙段锁定前,需对合龙断面进行一昼夜分时段连续观测。观测气温与钢混段的高程变化、气温与梁体温度的关系等,为合龙段长度提供依据。

合龙口纵向尺寸利用主塔处水平顶推千斤顶进行调整,在主塔限位挡块处安装4台300t

千斤顶,根据斜拉索索力计算出水平分力,根据计算结果对千斤顶施加水平力,保证在拆除塔梁固结时钢箱梁不会突然产生位移。千斤顶受力后,缓慢提升临时固结一侧的楔块,待楔块松动后,缓慢放松千斤顶,逐步调整好合龙段纵向尺寸,临时固定,合龙口纵向尺寸调整完成。调整合龙口纵向尺寸时,随时观测钢混结合段横向变化,发现变化及时调整倒链及千斤顶。

(2)钢混结合段及锚固段混凝土浇筑完成后,测量其平面位置,根据测量结果及监控指令调整钢混结合段平面位置,具体操作如下:

①在钢混结合段及锚固段施工时,预埋劲性骨架预埋件,通过合龙口梁顶预埋件设置反力座,用倒链或钢绞线沿合龙口对角线对拉调整。根据目前索力(第7对斜拉索考虑张拉400t索力)及支座处反力,钢混结合段混凝土浇筑完成后,支架受力约为740t,四氟板摩擦系数按0.1计算,施加74t水平拉力即可使钢混结合段滑移。调整钢混结合段横向位置时,同步观察中跨钢箱梁,确保中跨钢箱梁偏位不超过规范要求。

②在钢混结合段支架顶部设置临时托架,用于安放50t千斤顶;利用钢箱梁检查车轨道连接件作为支点,将千斤顶安放在托架上,一端支顶在钢管立柱柱顶处,另一端支顶在连接件上,千斤顶缓慢施加顶推力,配合箱梁顶部调整措施同步施工。

③调整合龙口横向偏位时,主塔处顶推千斤顶要配合顶推或放松,确保钢箱梁在支座顶部转动,不使钢箱梁产生应力。

④调整合龙口尺寸中,主塔与钢箱梁纵向限位钢垫板拆除后,钢牛腿与支座垫石之间须用千斤顶顶进;合龙前后,要保证钢混段与支架始终不能脱空。

## 5.4.2 劲性骨架焊接,合龙段锁定

在合龙口尺寸、偏位调整完成后,选择合理的时间,在一天中平均温度较低,变化幅度较小时锁定合龙口,合龙劲性骨架的焊接锁定要迅速、对称地进行,保证焊缝质量。

(1)外刚性支撑梁顺桥向设置6道,间距2.2m、3.0m、4.7m,长度3.2m,横桥向对称分布。材料型号采用Q345C材质的2[40c双拼槽钢,翼缘板通过焊接缀板连接。在场地加工完成后,整体吊装。骨架先安装锚固段一侧,全部焊接完成后,根据监控指令,及时、快速焊接完成另一侧。

(2)内刚性支撑梁采用Q345C材质的2[36b双拼槽钢,其他结构与外支撑一致,不再赘述。

(3)相邻两排外刚性支撑梁完成安装后应及时进行斜撑及连接系安装,斜撑采用2[20b型钢制作,连接系采用[16型钢交替安装。斜撑及连接系设置的目的主要是提高劲性骨架的整体稳定性,斜撑联设置的间距应严格按照设计图纸进行施工。

斜撑、连接系槽钢具体施工方法为:在后场将斜撑、连接系槽钢按照图纸的尺寸下料,并将其一端按拼接的角度要求下好料,同时按照外刚性支撑梁的尺寸准备好加劲板;在前场施工中,首先将下好料的一端与外刚性支撑梁按设计位置对好位焊接,然后用加劲板将另一端与支撑梁焊接。斜撑、连接系与支撑梁焊接形式为全周连续角焊缝,焊角高度按设计要求进行。特别应注意斜撑、连接系与支撑梁的焊接质量。

合龙段锁定完成后需解除塔梁纵向约束。

### 5.4.3 锚跨合龙

在张拉、压浆前,且在主桥施工主缆索股完成后开始施工锚跨合龙段,在施工锚跨合龙前,调整好合龙口位置后,安装合龙口锁定装置,限制合龙口两侧梁体相对位移,避免合龙口两端相对扰动影响合龙口混凝土质量。合龙口锁定时,除合龙口处锚墩约束纵向位移外,其余支点纵向约束均解除。锚墩纵向位移约束方式为:在锚跨可滑移支架上的滑道面上设置限位装置,限制滑动面以上排架与滑道面以下支架的纵向相对位移;滑动面以上的排架与锚固段之间又采用精轧螺纹钢筋连接成整体,从而达到约束锚墩处纵向位移的目的。锚跨合龙时,合龙口需要临时锁定。为避免两侧锚跨同时锁定温度升降导致结构内力过大,锚跨按照先合龙西岸锚跨后合龙东岸锚跨的顺序分步合龙,不得采用同步合龙的方式。

# 第 6 章　边跨钢箱梁步履式顶推施工

## 6.1　顶推施工支架

因鹅公岩轨道大桥边跨位于岸上,两岸岸坡地势陡峭,桥下有公路、铁路和市政管线,地形和施工条件复杂,边跨主梁施工可采用的施工方法有悬拼或滑移施工、顶推法施工。悬拼或滑移施工时,为解决梁段上岸和运输问题,需搭设伸入江中的支架并配置大吨位起重船,施工成本比较高,并且在技术上难以满足跨铁路施工的需要。顶推法施工是采用桥面起重机自主塔中跨侧取梁并提升至设计高程,与前一梁段对接,向边跨方向顶推,顶推一个节段长度后,架梁起重机再沿梁面走行至箱梁尾部并锚固,进行后一梁段起吊、对接、顶推施工。重复施工,直至将边跨各梁段安装到位。通过施工条件和经济成本分析,本桥边跨采用步履式千斤顶顶推法施工。

综合考虑地形及交通等条件,边跨钢箱梁施工重点研究了 2 种方案:双悬臂吊装方案和高位顶推方案。通过分析施工环境和技术经济条件,边跨钢箱梁施工采用高位顶推方案,如图 6.1-1 所示。高位顶推是在桥塔旁搭设钢箱梁拼装支架兼作初始顶推平台,在边跨搭设顶推支架,将钢箱梁节段船运至桥塔旁,利用架梁起重机从主跨侧起吊、拼装,通过同步系统控制,采用步履式顶推器逐节段向边跨侧顶推。跨既有线施工时,一次顶推使钢导梁跨越既有铁路。

图 6.1-1　高位顶推

在顶推过程中设置顶推支架作为钢箱梁中间支撑点,在西岸设置 4 个临时墩。临时墩高 41~75m,在临时墩顶安装顶推设备。主塔处临时墩兼作导梁、桥面起重机和钢箱梁的拼装平台。东岸设置 3 个顶推支架。临时墩高 47~80m,在临时墩顶安装顶推设备。主塔处临时墩兼做导梁、桥面起重机和钢箱梁的拼装平台。顶推支架布置如图 6.1-2~图 6.1-4 所示。

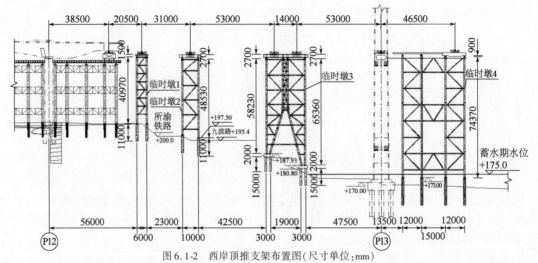

图 6.1-2 西岸顶推支架布置图(尺寸单位:mm)

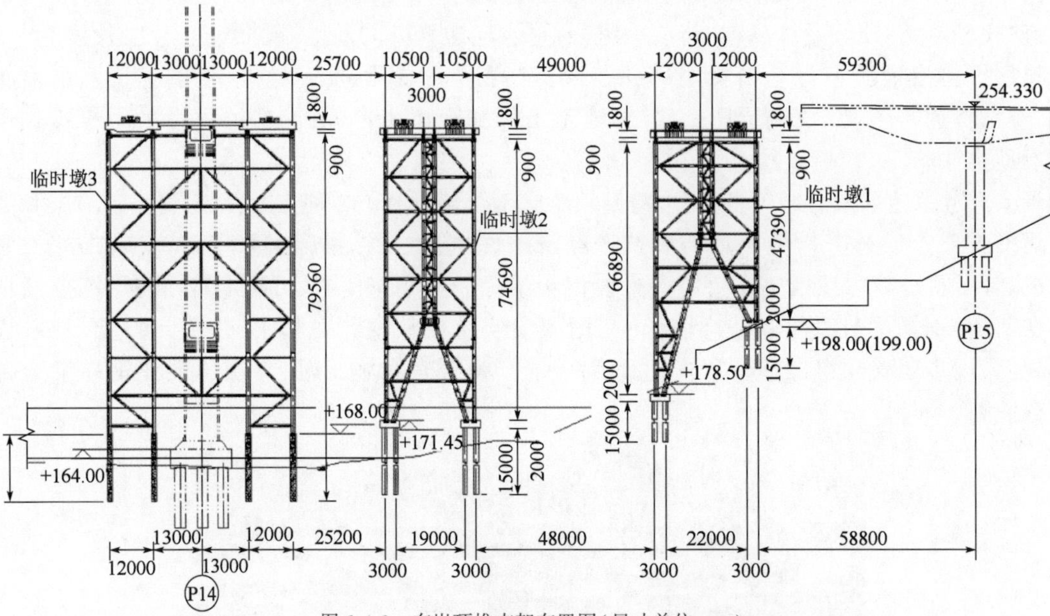

图 6.1-3 东岸顶推支架布置图(尺寸单位:mm)

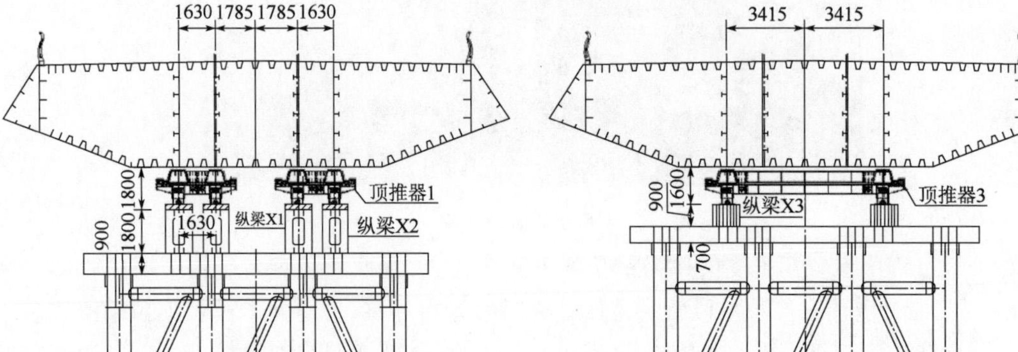

图 6.1-4 顶推支架横向布置图(尺寸单位:mm)

## 6.2 顶推钢导梁

为控制顶推过程中钢箱梁的受力,采用钢导梁辅助顶推。

如图6.2-1所示,导梁长39.5m,重约170t,纵向分为6节,横向为两根,分别与钢箱梁腹板连接。导梁相邻节段之间及导梁与钢箱梁之间均采用高强螺栓连接。

导梁采用变高度工字形断面,梁高1.5~4.45m,梁宽1.2m,顶板采用36mm和24mm两种厚度钢板,底板采用34mm和24mm两种厚度钢板,腹板采用20mm厚钢板。

由于钢混结合段与钢导梁之间需要临时连接,故钢混结合段顶、底板原设计开槽暂不开,且腹板处需加长,做成接头以便与钢导梁连接,待顶推施工完毕后再恢复设计形状。

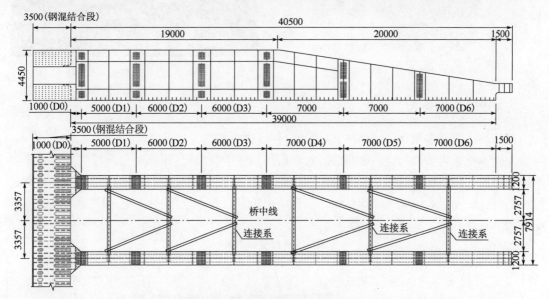

图6.2-1 钢导梁结构图(尺寸单位:mm)

## 6.3 步履式千斤顶顶推设备及原理

### 6.3.1 顶推设备

1) 竖向千斤顶

4台450t千斤顶,顶升力1800t,单次最大顶升行程35cm。

2) 纵向千斤顶

4台35t千斤顶,最大顶推力140t,单次最大顶推行程35cm。

3) 横向千斤顶

每侧两台,共四台,最大横向调整力80t,单次调整行程5.5cm。

4) 步履式平移顶推器工作性能

(1) 竖向调节能力≤30cm;

(2)横向纠偏能力≤5cm;
(3)最大顶推速度≤20m/h。
步履式千斤顶如图 6.3-1、图 6.3-2 所示。

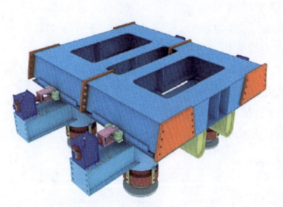

图 6.3-1　步履式千斤顶三维图

图 6.3-2　步履式千斤顶实物图

### 6.3.2　顶推原理

顶升油缸顶起需要移运的构件,纵移油缸使纵移滑块连同其上顶起的构件一起向前平移,纵移油缸一个行程到位后,顶升油缸回收,将构件搁置于垫梁上,纵移油缸回收完成一个行程的移运工作。构件移运过程是一个自平衡的运动动作过程,现按照如下步骤对其动作原理进行说明:就位→起顶、触梁→顶起桥梁→平移1个顶推行程→落梁→脱离→平移顶回程,具体步骤见表 6.3-1。

顶推器顶推步骤示意　　　　　　　　　　表 6.3-1

| 步　骤 | 示　意　图 |
| --- | --- |
| 就位 | |
| 起顶、触梁 | |

续上表

| 步　骤 | 示　意　图 |
| --- | --- |
| 顶起桥梁 | |
| 平移1个顶推行程 | |
| 落梁 | |
| 脱离 | |
| 平移顶回程 | |

### 6.3.3 顶推设备调试

顶推设备安装完成后,连接好系统的油路及电路,进行调试以保证在手动、自动模式运行下,执行元件按设定的运动方式运行。联机调试时,启动泵站,选择手动运行模式,在主控台操作面板上控制执行元件伸缸或缩缸动作,检查其进行的动作是否正确,调节行程检测装置的检测元件,使检测装置的接触及检测正常。

系统手动试机完成后,选择自动模式,检查系统各千斤顶的动作协调性及同步性。如不满足设计要求,应认真查找原因,排除故障,待系统的动作完全协调后方表明系统调试正常合格。

## 6.4 边跨钢箱梁顶推

### 6.4.1 顶推工艺

主桥顶推总长度约为438m,首先选择手动模式,检查油泵,顶升顶、纠偏顶、顶推顶,压力表,传感器等是否异常。

启动各墩上的顶推设备,由配在顶升系统上的压力传感器检测到的压力值转换成支反力值,然后由该值的换算值给顶推油缸设定压力,顶推油缸在要求的压力下提供顶推力,并且控制临时墩上两侧顶推油缸同步顶推。这里实时检测顶升支撑油缸的支反力,一方面保证顶推油缸顶推力的实时精确性,另一方面通过调节顶升支撑油缸保证行进过程中钢箱梁的受力均衡,保证钢箱梁单点单侧最大允许支反力不超过13500kN。完成推进一个行程之后,所有顶推油缸缩回至下一个行程的起点,随后进行下一个行程的顶推。

手动操作顶推系统牵引主梁滑移启动后,转换至自动运行模式,进行主梁的自动连续顶推。自动顶推过程中,应注意记录顶推过程中的油压最大、最小值。

为避免顶推过程中箱梁的横向偏移超差,控制系统结构上集成了主动式中轴线监控系统,顶推过程中对钢箱梁的中轴线进行实时监控,及时调整限位装置使箱梁的偏移始终被限制在误差范围内。

### 6.4.2 顶推步骤

边跨钢箱梁采用顶推施工方案,具体顶推步骤(以西岸边跨为例)如图6.4-1所示。

步骤一:(1)在临时墩4上拼装钢导梁和架梁吊机,利用塔式起重机拼装钢导梁;
(2)将架梁起重机锚固在钢导梁上。

步骤二:(1)解除钢导梁下的临时砂垫,在导梁前端加配重150t;
(2)用架梁起重机起吊钢混结合段,与导梁尾端拼接。

步骤三:用顶推器1、3将钢导梁和钢混结合段向边跨方向顶推12.72m。

步骤四:(1)拆除导梁前端的配重,架梁起重机走行至起吊位置,锚固;
(2)用架梁起重机起吊WS11节段,与钢混结合段焊接。

步骤五:用顶推器1、3顶推钢箱梁,向边跨方向移动10m。

步骤六：(1)将顶推器3拆除后安装至临时墩3墩顶,再将顶推器1沿纵向分配梁向边跨方向移动3m；

(2)架梁起重机走行至WS11节段上方,锚固；

(3)用架梁起重机起吊至WS10节段,与WS11节段焊接。

步骤七：用步履式顶推器将钢箱梁向边跨方向顶推15m。

步骤八：(1)架梁起重机走行至WS10节段上方,锚固；

(2)用架梁起重机起吊WS9节段,与WS10节段焊接；

(3)用步履式顶推装置向边跨方向顶推钢箱梁。

步骤九：(1)参照步骤七和步骤八施工至WS2节段；

(2)顶推时应保持顶推器3、4顶升力相等,且单个顶推器顶升力不大于400t(下同)。

步骤十：WS2节段拼装完成后,用顶推器将钢箱梁向边跨方向顶推7.98m,使导梁前端达到铁路边界正上方。

步骤十一：(1)架梁起重机走行至WS2节段上方,锚固；

(2)用架梁起重机起吊WS1节段,与WS2节段焊接。

步骤十二：WS1节段拼装完成后,将钢箱梁边跨方向顶推17.02m(铁路正上方10m顶推距离需连续完成)。

步骤十三：(1)架梁起重机走行至WS1节段上方,锚固；

(2)用架梁起重机起吊至WT0节段,与WS1节段焊接。

步骤十四：(1)继续向边跨方向顶推钢箱梁,顶推完成一个节段,用架梁起重机起吊、拼装一个节段,直到将边跨钢箱梁顶推到位；

(2)钢导梁拆除。

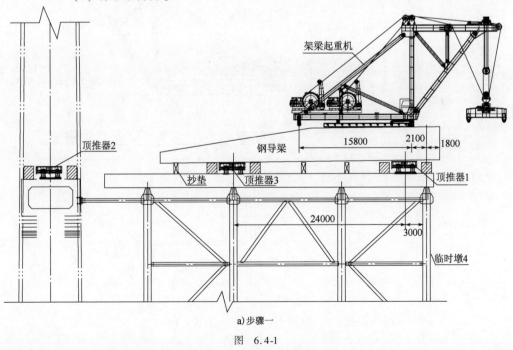

a)步骤一

图 6.4-1

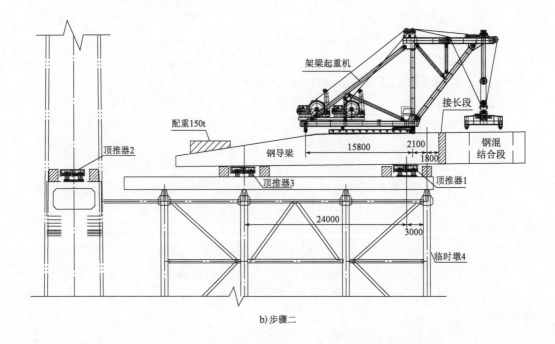

b) 步骤二

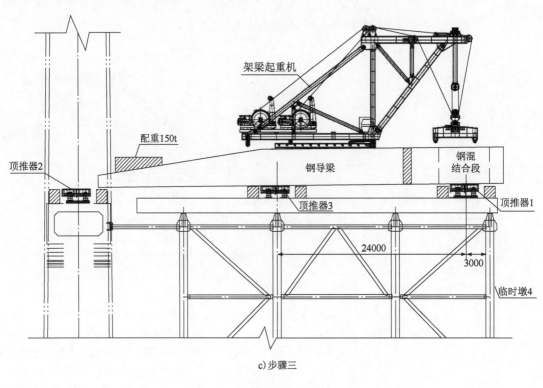

c) 步骤三

图 6.4-1

第6章 边跨钢箱梁步履式顶推施工

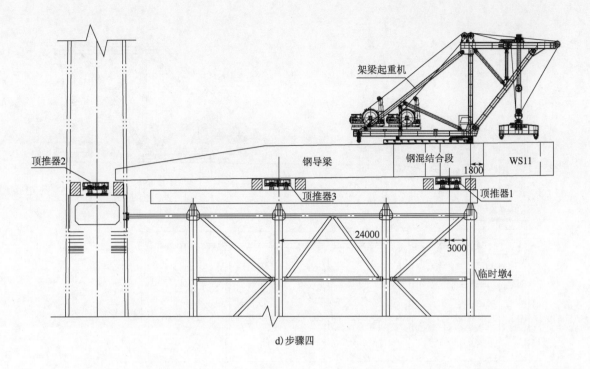

d) 步骤四

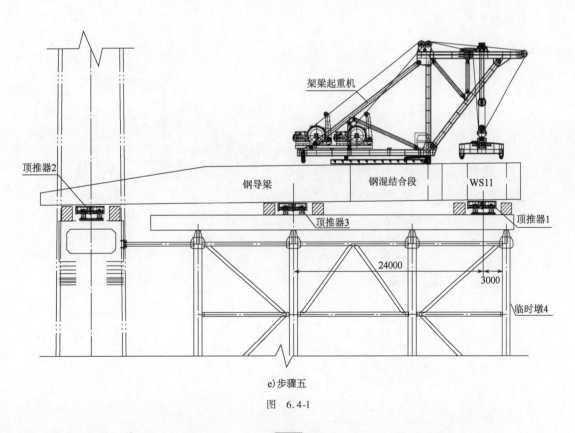

e) 步骤五

图 6.4-1

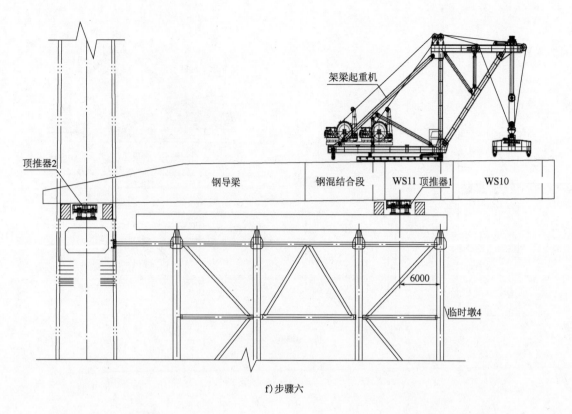

f) 步骤六

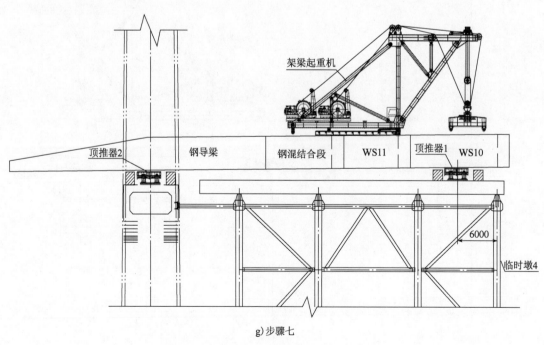

g) 步骤七

图 6.4-1

第6章 边跨钢箱梁步履式顶推施工

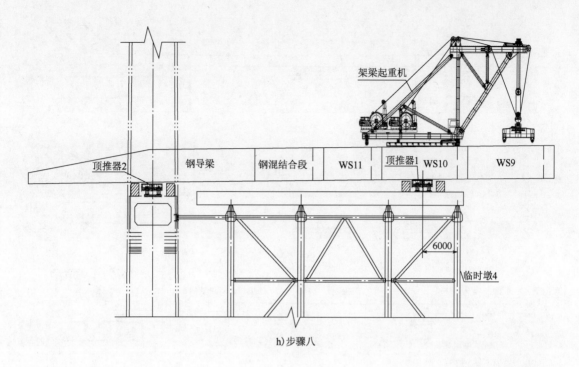

h) 步骤八

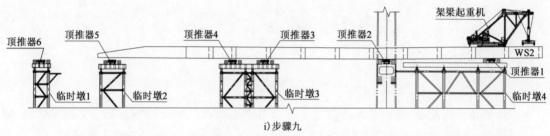

i) 步骤九

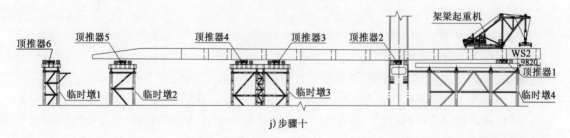

j) 步骤十

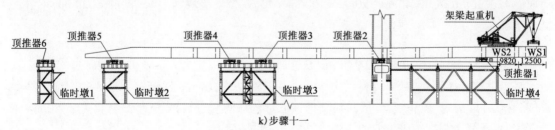

k) 步骤十一

图 6.4-1

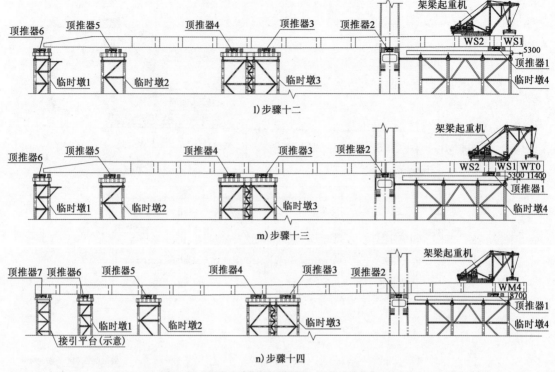

图 6.4-1 西岸边跨钢箱梁顶推施工(尺寸单位:mm)

### 6.4.3 顶升与落梁

1) 顶梁施工

钢箱梁顶推过程中,需根据主桥钢箱梁线形不断调整各临时墩墩顶高程。顶落梁作业利用临时支墩、主塔、交界墩上预先布置的高度调节支座及步履式顶推系统配合进行。

2) 支垫布置

以临时支墩墩顶布置为例,顶推支墩顶设置纵梁,纵梁上设置顶推装置,作为钢梁顶推施工过程中的主支承点,顶推器两侧设置支垫梁,作为钢梁顶推施工过程中的临时支承点,支垫梁均采用由厚度为20mm 的 Q345B 型钢板组焊而成的 140cm×130cm×146cm、140cm×130cm×165cm、140cm×130cm×170cm 和 140cm×130cm×185cm 钢箱结构,其上主要采用型钢和 20mm 厚钢板进行抄垫;而顶推器竖向千斤顶底部采用由厚度为20mm 的 Q345B 型钢板组焊而成的 120cm×100cm×40cm、120cm×100cm×40cm 箱型垫块和 10cm 高的 $\phi$820mm 钢管混凝土垫块。

3) 顶推支垫

钢箱梁顶推过程中,根据钢箱梁线型及高程调整情况,及工人作业的劳动程度,每2m 就对支垫梁进行一次抄垫,抄垫材料采用20mm 厚钢板以及 200mm H 型钢。当临时支垫梁抄垫高度到达 300mm 时,停止顶推,同时对顶推器底部液压支腿进行抄垫,抄垫材料为 $\phi$820mm 钢管混凝土,混凝土强度等级为 C55。

按照以上步骤进行循环施工至一个梁段顶推就位。

4）落梁施工

将顶推装置各部分临时捆成整体，顶推装置上的顶升千斤顶回油，钢梁落在支垫梁上，利用临时连接件将顶推装置上的垫块与两侧支垫梁连成整体，顶升千斤顶继续收缸，使顶推装置底部与垫块分离，此时可从垫块顶部将高度调整垫座抽掉一部分；顶升千斤顶伸缸，直至顶推装置底部与垫块接合，拆除支垫梁与下部高度调整支座的连接螺栓，千斤顶继续顶升将钢梁顶起，同时也会将支垫梁的垫梁托起，此时可从支垫梁顶部将高度调整垫座抽掉一部分；如此反复循环，直至将钢梁调整至设计高程。

主塔、交界墩上的顶落梁操作方法与临时支墩类似，不同点在于，落梁时当高度调节支座全部拆除后，还需要将步履式顶推系统拆除，利用额外的顶升千斤顶才能将钢箱梁降至设计高程。

鉴于钢箱梁跨径大，在温差作用下易产生较大的纵向位移，落梁时需在竖向千斤顶顶面和支垫梁顶面布置 MGE 板加不锈钢板摩擦副作滑动面。

根据钢箱梁结构，起顶点作用在支座或滑道位置，通过逐步调减高度调整垫，达到落梁的目的。起顶及落梁时，为保证安全，利用钢箱梁的弹性变形，一次只起落一个墩顶支点，逐墩起顶落梁，同墩顶支点同步起落，每次落梁的高度控制在 5cm 左右。

## 6.5　顶推调整及控制原理

### 6.5.1　横向调整

横向调整原理与顶推原理类似，其唯一不同在于横移时采用的是横移油缸，推动的滑块是横移滑块，其调整步骤如下：

顶升油缸顶起需要移运的构件，横移油缸使横移滑块连同其上顶起的构件一起向前平移，横移油缸一个行程到位后，顶升油缸回收，将构件搁置于垫梁上，横移油缸回收完成一个行程的移运工作。

横移调整动作既可在 100mm 范围内进行微调，也可像顶推运动一样进行多次步履式移运，以调整大型构件的左右偏差。

### 6.5.2　压力控制

在顶升油缸无杆腔设置压力传感器，将压力传感器信号换算成油缸无杆腔的油压，根据该油压与顶升油缸的活塞面积可计算出油缸的顶升力 $F_n$。在该顶升力的作用下，顶推动作时纵移滑块与滑道之间会产生一个摩擦力 $f$，经实验测得纵移滑块与滑道间的摩擦系数 $\mu$，因此 $f = \mu F_n$，要使得纵移油缸推力与摩擦力相平衡，则可需根据改摩擦力与纵移油缸的活塞面积，反算出顶推时纵移油缸需要的油压 $P = f/A$。该油压可通过比例溢流阀实时控制，在实际使用中，考虑到系统压力损失以及为大型构件提供加速度的力，比例溢流阀的设定压力为 $P = f/A + 2$。

因此，纵移油缸推力只比摩擦力稍大，两者相平衡下，支承点所受水平力极小。

### 6.5.3　位移同步控制

油缸的位移通过位移传感器检测，油缸的压力通过压力传感器反馈，所有的传感器信号通过总线传送给主控计算机进行分析和处理,然后根据控制软件输出电信号,调节油缸的动作、速度和压力,从而实现各个桥墩上面的顶推系统同步上升或者同步下降,也可对单个油缸调整高差。

### 6.5.4 高程调整

竖曲线较大的大型构件顶推过程中,需根据构件线形不断调整各支承点顶部高程。高程调整作业利用支承平台上预先布置的高度调节垫座及移运设备配合进行。内侧垫座组成主支墩,移运设备设置在主支墩上,作为大型构件顶推施工过程中的主支承点,外侧垫座组成副支墩,副支墩顶部设置垫梁,作为大型构件顶推施工过程中的临时支承点,主、副支墩均由高20cm 的高度调整垫座组成。

以增加高程为例,调整高程的操作步骤见表 6.5-1。

顶推器高程调整步骤 表 6.5-1

| 步　骤 | 示　意　图 |
|---|---|
| (1)利用连接件将移运设备上的垫块与两侧副支墩上的垫梁连成整体,拆除副支墩垫梁与下部高度调整垫座的连接螺栓,顶升油缸伸出,将大型构件顶起,同时也会将副支墩的垫梁托起 | |
| (2)直至垫梁与副支墩分离高度达到 25cm 时,顶升油缸停止伸出 | |

续上表

| 步　骤 | 示　意　图 |
| --- | --- |
| （3）在每个副支墩上增加一20cm高的高度调整垫座，并用螺栓将其连接紧固，然后顶升油缸缩回，大型构件与垫梁一起下降 | 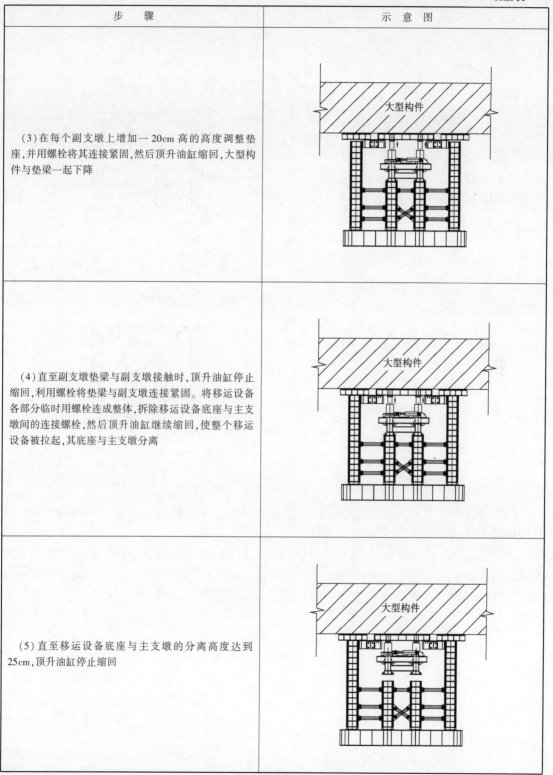 |
| （4）直至副支墩垫梁与副支墩接触时，顶升油缸停止缩回，利用螺栓将垫梁与副支墩连接紧固。将移运设备各部分临时用螺栓连成整体，拆除移运设备底座与主支墩间的连接螺栓，然后顶升油缸继续缩回，使整个移运设备被拉起，其底座与主支墩分离 | |
| （5）直至移运设备底座与主支墩的分离高度达到25cm，顶升油缸停止缩回 | |

续上表

| 步骤 | 示意图 |
|---|---|
| (6)在每个主支墩上增加一20cm高的高度调整垫座,并用螺栓将其连接紧固,然后顶升油缸伸出,移运设备整体下降 | |
| (7)直至移运设备底座与主支墩接触,顶升油缸停止伸出,利用螺栓将移运设备底座与主支墩连接紧固。重复上述步骤,可多次叠加垫座,在3m范围内增加高程 | |

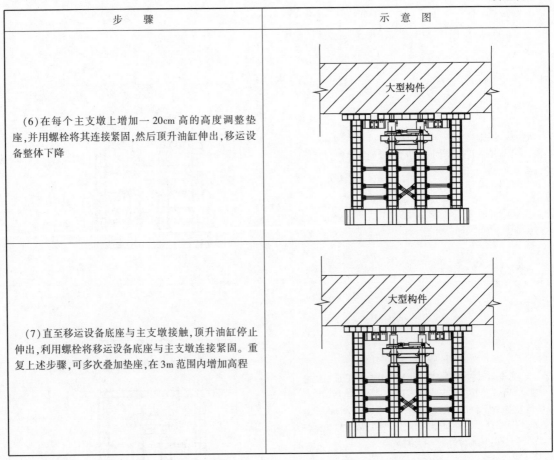

### 6.5.5 边跨合龙

鹅公岩轨道大桥主桥边跨合龙时采用支架现浇施工,保持锚固段固定,解除塔梁约束,调整钢箱梁,配合劲性骨架锁定的方式进行合龙。

边跨合龙段施工流程如下:钢混结合段混凝土浇筑→斜拉索索力调整(根据监控指令浇筑钢混结合段第二次混凝土)→锚固段第4次混凝土施工(预应力张拉完成)→调整合龙口纵向尺寸、横向偏位→安装劲性骨架,合龙段锁定→合龙段钢筋混凝土施工。

# 第7章 中跨钢箱梁步履式起重机安装施工

## 7.1 中跨钢箱梁施工工序

主梁悬拼采用架梁起重机和临时斜拉索扣挂施工,每拼装两个或一个节段钢箱梁,则在边跨和中跨分别挂设并张拉一对斜拉索,中跨合龙后形成斜拉桥结构。

在主塔顶设置钢扣塔,钢塔塔柱采用精轧螺纹钢筋和锚栓锚固在主塔上横梁顶。扣塔内设置斜拉索锚梁,斜拉索张拉端锚固在锚梁上。

在钢箱梁上设置斜拉索锚点,斜拉索锚固端通过锚箱与钢箱梁上锚点连接(边跨混凝土锚固段上的斜拉索直接锚固在混凝土梁箱内齿块上)。

中跨钢箱梁施工步骤如图 7.1-1 所示。

步骤一:(1)东岸钢箱加劲梁钢混结合段、ES11-ES1、ET0、EM1、EM2 节段顶推到位;西岸钢箱梁加劲梁钢混结合段、WS11-WS1、WT0、WM1~WM4 节段顶推到位。

(2)安装主塔临时钢塔。

(3)在主塔和钢箱加劲梁之间设置纵向临时约束。

步骤二:(1)东岸挂设并张拉第一对扣锚索 EK1、EM1,架梁起重机前移一个阶段,吊装 EM3 梁段;EM3 梁段与 EM2 梁段焊接好之后,解除东岸 EM2 梁段下的抄垫。

(2)西岸挂设并张拉第一对扣锚索 WK1、WM1。

步骤三:(1)东岸架梁起重机前移一个节段,吊装 EM4 梁段,待 EM4 梁段与 EM3 梁段焊接完毕后挂设并张拉第二对扣锚索 EK2、EM2。

(2)西岸挂设并张拉第二对扣锚索 WK2、WM2。

(3)解除西岸 WM4 梁段下的抄垫。

步骤四:(1)东、西岸架梁起重机前移一个节段,分别吊装 EM5、WM5 梁段。

(2)待 EM5、WM5 梁段分别与 EM4、WM4 梁段焊接完毕后,东、西岸架梁起重机再前移一个节段,分别吊装 EM6、WM6 梁段。

(3)待 EM6、WM6 梁段分别与 EM5、WM5 梁段焊接完毕后,分别挂设并张拉东、西岸第三对扣锚索 EK3、EM3、WK3、WM3。

步骤五:(1)东、西岸架梁吊机前移一个节段,分别吊装 EM7、WM7 梁段。

(2)待 EM7、WM7 梁段分别与 EM6、WM6 梁段焊接完毕后,东、西岸架梁起重机再前移一个节段,分别吊装 EM8、WM8 梁段。

(3)待 EM8、WM8 梁段分别与 EM7、WM7 梁段焊接完毕后,分别挂设并张拉东、西岸第四对扣锚索 EK4、EM4、WK4、WM4。

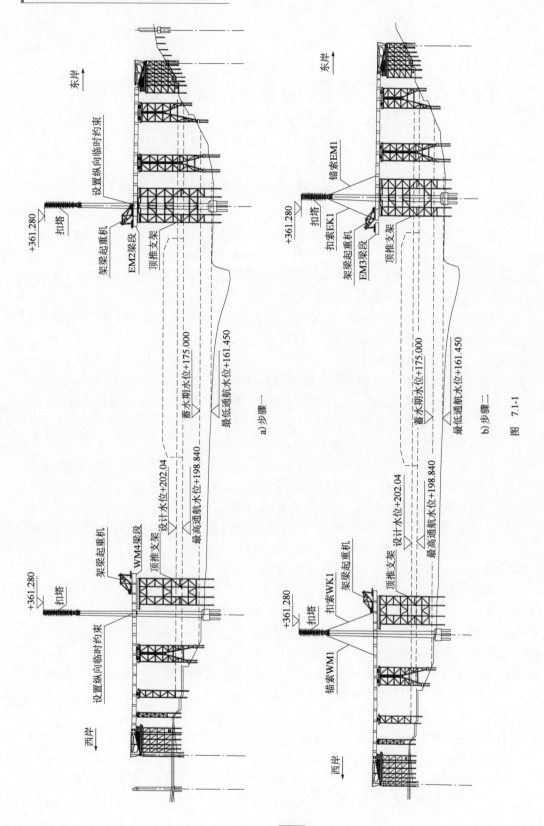

图 7.1-1

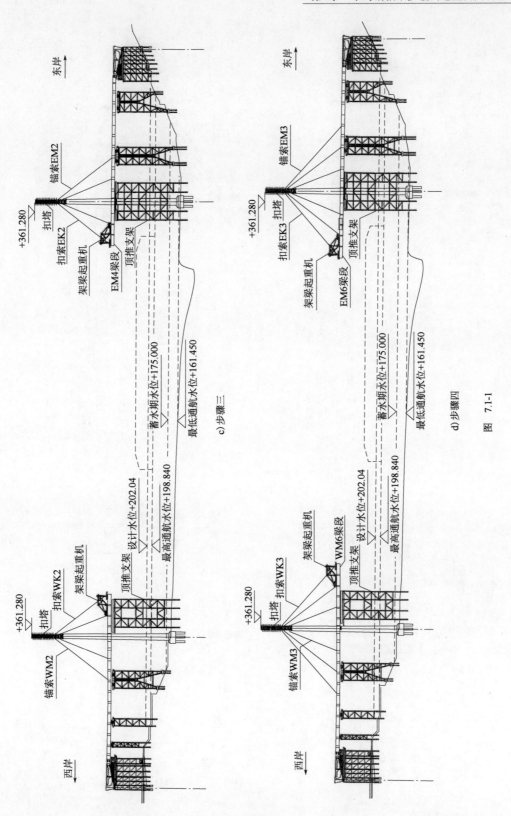

c) 步骤三

d) 步骤四

图 7.1-1

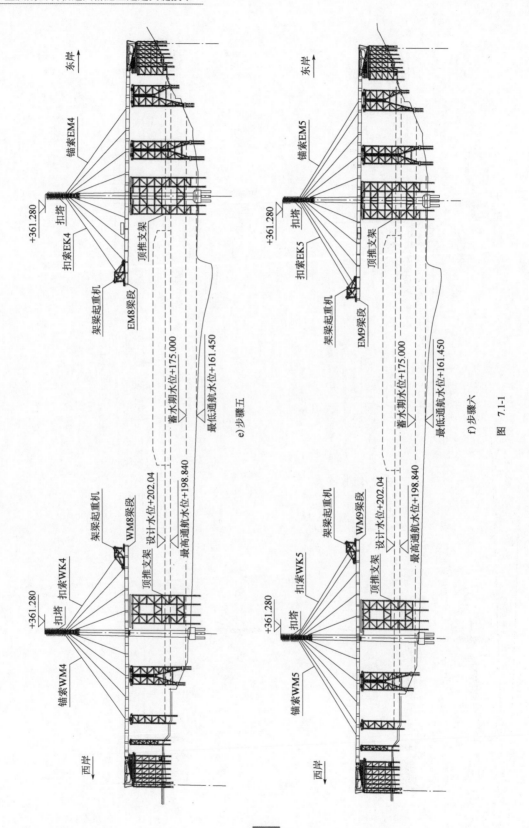

e) 步骤五

f) 步骤六

图 7.1-1

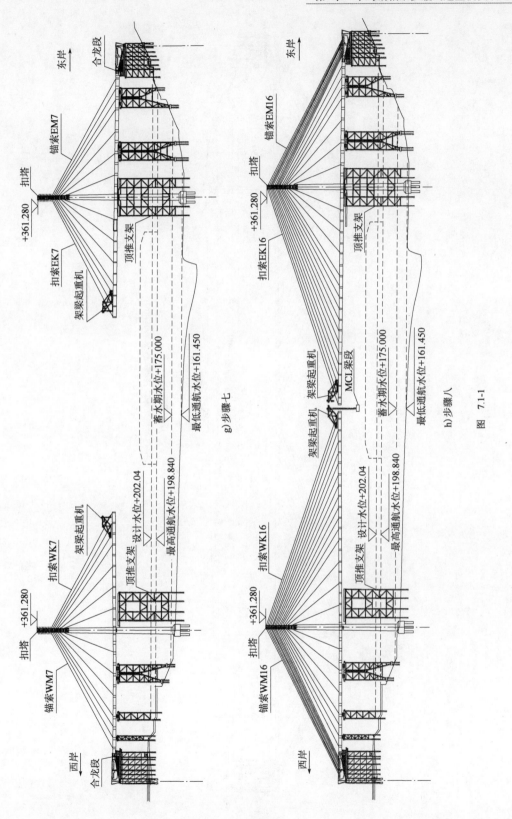

g) 步骤七

h) 步骤八

图 7.1-1

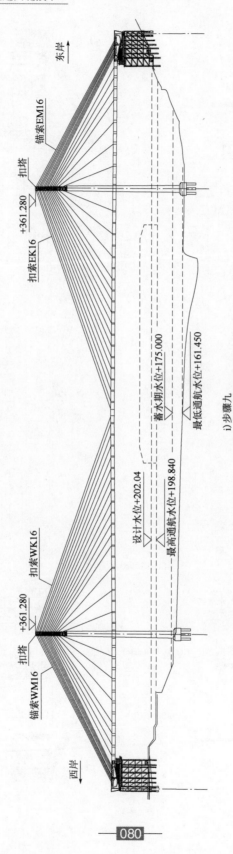

图 7.1-1 中跨钢箱梁施工步骤（高程单位：m）
i) 步骤九

步骤六：(1) 东西岸架梁起重机前移一个节段，分别吊装 EM9、WM9 梁段。
(2) 待 EM9、WM9 梁段分别与 EM8、WM8 梁段焊接完毕后，分别挂设并张拉东、西岸第五对扣锚索 EK5、EM5、WK5、WM5。

步骤七：(1) 参照步骤六依次完成 EM10、WM10、EM11、WM11 梁段吊装、焊接和相应扣锚索挂设、张拉。
(2) 完成东西岸边跨合龙段施工。

步骤八：(1) 两岸架梁起重机继续悬臂施工，依次完成梁段 EM11~EM20、WM11~WM20 吊装，扣锚索 EK7~EK16、EM7~EM16、WK7~WK16、WM7~WM16 挂设张拉，使得跨中钢箱加筋梁达到最大悬臂状态。
(2) 用一台架梁起重机起吊合龙段，进行中跨合龙施工。

步骤九：(1) 拆除架梁起重机。
(2) 解除塔、梁间纵向临时约束。
(3) 拆除边跨顶推支架。

## 7.2 步履式起重机架梁

钢箱梁采用步履式起重机架设。CQ 型 450t 桅杆式起重机主要由机架结构、走行系统、卷扬机、天车系统、起升系统、吊具、电气系统、液压系统等组成，结构总图如图 7.2-1 所示。

图 7.2-1　CQ 型 450t 桅杆式起重机现场实体图

## 7.3 钢箱梁吊装架设

### 7.3.1 标准段钢箱梁吊装

标准节段最大梁质量按 408t 计，将梁段从驳船上起吊至理论位置，精确调整定位后进行梁段连接,边跨钢箱梁安装台往边跨顶推一个节段,中跨钢箱梁安装后挂索并张拉。标准梁段吊装时前支点位于后一节段的横隔板处,后锚点位于梁段的锚点上,桥面起重机吊装幅度按10.5m考虑,此工况前支点反力为884kN,后锚点拉力为252kN。

梁段起吊采用四点提升的方法,每个梁段吊装前利用全站仪准确标定架设梁段的位置,并进行吊具定位试验,通过定位调整后,再进行起吊,以防止梁段位置偏移而产生横向摆动。钢箱梁梁段共69个,最大吊装质量为408t,均采用桥面起重机进行点对点吊装。每个节段的吊装可以分为梁段提升、梁段初匹配、梁段精匹配、梁段连接及转换4个步骤。

1) 步骤一:梁段提升

(1) 选择梁段吊装作业的有利天气条件(桥面高程处阵风风速不超过20m/s),并提前向海事等相关部门申请,方可吊装施工。

(2) 水上运送梁段驳船(运梁船)停靠在桥面起重机正下方的监测区域,梁段应平放到位,运梁船定位误差不超过±1.0m,避免梁段吊装时发生较大摆动。

(3) 启动卷扬机将吊具下放至起吊梁段顶面。

(4) 用钢销子将吊具与桥面吊耳进行连接。

(5) 开动双台起升绞车,使之同时起升(慢速使钢丝绳张紧至梁离开运梁船),发现梁需要调平时应停止提升,启动吊具调平系统予以调平。每个梁段正式提升前均进行静载和动载试车,调试起重机制动系统。

(6) 长行程提升中,可能会由于卷扬的速度差引起梁块倾斜,只需某一卷扬机停一下,即可恢复水平。当梁块升至桥面时,通过开动任一卷扬机调整梁块横桥向水平,提升梁与已安装梁段基本水平。

图7.3-1 所示为钢箱梁起吊。

图7.3-1 钢箱梁起吊

2) 步骤二:梁段初匹配

(1) 调整纵向吊具上的桥面调平油缸,调节桥面纵坡至与已安装梁段大致匹配。

(2) 继续调整使梁顶面基本齐平,在两钢箱梁上使用手拉葫芦进行横向调整、轴线对齐。

(3) 采用手拉葫芦进行纵向调整至已安装好梁段边缘10mm内,重复以上的纵横向调整,直至梁段与已安装梁段相接触、轴线与已安装梁段顺接,然后插打临时匹配件冲钉,安装匹配件螺栓并拧紧,锁定提升卷扬机,完成初匹配。

3) 步骤三:梁段精匹配

(1) 精匹配应在顶、底板温差小于2℃时进行。

(2) 在悬臂前端进行主梁局部线形测量,对比控制指令,确定吊装主梁的纵坡调整量。

(3) 略微放松梁段间临时匹配件螺栓,准备纵坡调整。

(4) 微动桥面起重机提升卷扬机,调整梁段控制点相对高差(即纵坡)满足监控要求。

(5) 复测梁段悬臂前端局部线形与轴线,满足监控要求后,拧紧匹配件螺栓,锁定卷扬机,完成精匹配。

(6) 腹板和顶板局部残余高差用桥面千斤顶调整,并用码板码平。

图 7.3-2 所示为钢箱梁调整固定。

图 7.3-2　钢箱梁调整固定

4) 步骤四:梁段连接及转换

(1) 完成吊装梁段与已安装好的梁段接缝间连接(除 GH1 与钢导梁采用栓接外,其余梁段采用焊接)。

(2) 钢箱梁连接完成后,边跨部分钢箱梁向边跨进行顶推,将钢箱梁放置在顶推支架上;中跨部分钢箱梁按照要求进行对应斜拉索的安装和张拉。

(3) 启动提升卷扬机,缓慢下放吊具约200mm,然后可拆去用于吊具和梁段的连接。

(4) 用提升卷扬机提升吊具将其调离梁段。

(5) 吊具放置在最小吊幅处,将桥面起重机向前移一个梁段并定位,准备下一梁段吊装。

### 7.3.2　钢箱梁现场环焊接

1) 焊接准备

(1) 梁段根据线形要求微调到位。

(2) 梁段对接环缝焊接前对焊缝及两侧各50mm除锈,不得有水、油、氧化皮等污物,贴陶质衬垫面120mm内不得有灰尘、水、油等污物。

(3) 端口粘贴陶质衬垫面应将纵向焊缝余高铲磨距端口至少60mm宽,施焊面至少90mm宽,以便粘贴陶质衬垫及探伤,确保焊缝质量。

(4) 桥上焊接作业应采取防风、防雨等保护措施。箱内设置有效的通风、除尘及照明设施。雾天或湿度大于80%时,采取火焰烘烤措施进行除湿,箱内设置必要的脚手架等焊接辅助设施。

(5)根据焊接工艺指导书对要求预热的接头进行预热。

2)焊接顺序

钢箱梁的桥位调整到位后,钢箱梁的桥位接口环缝焊接应先焊大环缝,即腹板对接焊缝、(斜)底板、顶板对接焊缝;待探伤合格后,再组焊接口处板条肋、T肋嵌补段,最后组焊风嘴及排水U槽。

顶板、底板、斜底板的横向焊缝的起弧、熄弧均应避开纵向焊缝200mm以上。为减小因焊接而产生的附加应力、焊缝残余应力和边缘材料局部应力,消除或减少不规则变形,底板、斜底板横向焊缝从桥轴中心线向两侧对称施焊;腹板采取从下到上的方向施焊;顶板从桥轴中心线向两侧施焊。

3)焊接工艺

主要部位所采用的焊接工艺如下:

(1)顶板对接焊缝采用单面焊双面成型工艺,坡口形式为V形。实心焊丝(ER55-G,$\phi1.2$)二氧化碳气体保护焊打底,埋弧自动焊焊丝(H60Q,$\phi4.0$)配SJ105q焊剂填充及盖面。

(2)底板、斜底板对接焊缝采用单面焊双面成型工艺,坡口形式为V形,实心焊丝(ER55-G,$\phi1.2$)二氧化碳气体保护焊焊接。

(3)中腹板、边腹板对接焊缝采用单面焊双面成型工艺,坡口形式为V形,药芯焊丝(E501T-1L,$\phi1.2$)二氧化碳气体保护焊焊接。

(4)T肋嵌补段和板条肋嵌补段对接焊缝及(坡口)角焊缝均采用药芯焊丝(E501T-1L,$\phi1.2$)二氧化碳气体保护焊焊接。

(5)边跨风嘴斜底板与箱梁斜底板对接焊缝采用实心焊丝(ER50-6,$\phi1.2$)二氧化碳气体保护焊焊接;边跨风嘴隔板与箱梁边腹板角焊缝采用药芯焊丝(E501T-1L,$\phi1.2$)二氧化碳气体保护焊焊接。

桥位环缝焊接方法和工艺措施详见表7.3-1。

桥位环缝焊接方法和工艺措施　　表7.3-1

| 序号 | 焊接部位 | 焊接方法 | 工艺措施 |
| --- | --- | --- | --- |
| 1 | 顶板 | 二氧化碳气体保护焊+埋弧自动焊 | 底部贴陶质衬垫的单面焊双面成形工艺,二氧化碳气体保护焊打底焊接,埋弧自动焊填充和盖面焊接,层道间熔渣清理干净 |
| 2 | 底板、斜底板 | 二氧化碳气体保护焊 | 底部贴陶质衬垫的单面焊双面成形工艺,二氧化碳气体保护焊焊接 |
| 3 | 中腹板、边腹板 | 二氧化碳气体保护焊 | 贴陶质衬垫,单面焊接 |
| 4 | 板条肋、T肋嵌补段 | 二氧化碳气体保护焊 | 环缝探伤合格后施焊 |
| 5 | 边跨风嘴斜底板及风嘴隔板 | 二氧化碳气体保护焊 | 箱梁组焊完成后焊接风嘴 |

## 7.4 钢箱梁架设精度及线形控制

### 7.4.1 梁端安装控制

厂内预拼装保证工地端口的对合精度,并安装端口临时匹配件。在节段上刻划好桥轴线、箱梁中心线、横向中心线及纵、横向检查线,并将设置的 8 个点(图 7.4-1)作为梁段高程、里程及桥轴线偏差的检测点,工地吊装时采用钢尺、全站仪等测量工具来确定各点的位置,从而控制主梁的成桥线形。

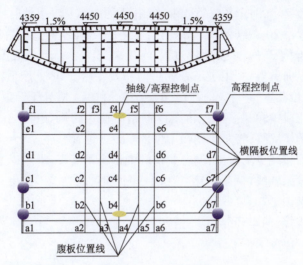

图 7.4-1 桥位梁段监控点布置简图(高程单位:mm)

### 7.4.2 梁端就位控制

1)接口连接

钢箱梁节段吊装到位后,按照顶板→腹板→底板的顺序连接接口临时连接件。梁段吊装到位,并在吊装单位调整好线形高程后,按照监理工程师的指令进行对接缝的码平,码平时宜先码平箱口刚性较大的拐角部位(腹板与顶底板角部、中腹板位置顶板、底板),然后固定其余部位,采用定位板和火焰矫正的方法进行局部调整,保证对接缝板面错位不大于 1.0mm。完成钢箱梁接口环缝的焊接应先焊腹板,再焊接顶、底板对接焊缝,待探伤合格后;最后,组装焊接钢箱梁接口处板肋、T 肋嵌补段。

2)接口调整

在匹配件连接完成后,进行接口对接错边调整,即采用压力和火焰矫正的方法进行局部调整,保证板面错边不大于 1.0mm(由于吊装时的受力状态与预拼装时受力状态不一致,使非匹配件连接部位板面发生错边),最后组装加劲嵌补段。

3)安装测量

每完成一个梁段的安装后进行钢梁桥轴线测量,测量数据作为下一梁段安装控制依据。

## 7.5 钢箱梁合龙

中跨钢箱梁合龙(图7.5-1)按照下列步骤进行：

步骤一：东、西两岸架梁起重机分别吊装完成EM20、WM20梁段并挂设、张拉第16对扣锚索后，东岸架梁起重机向后退5m，前支点支承在EM19梁段中间的横隔板处，给西岸起重机起吊让出足够的空间，同时西岸架梁起重机往前走5m并锚固，由其吊装合龙段。西岸起重机前支点支承在WM20梁段近塔侧的横隔板处，距WM20梁前端6.2m，此时架梁起重机吊幅为10m。

步骤二：根据监控要求，对全桥进行48h观测(观测内容及频率按监控指令执行)。

步骤三：合龙段起吊20cm，观测两岸钢箱梁变化是否满足合龙要求；将钢箱梁下放至运梁船，拆除吊具，调整钢箱梁高程；重复上述过程2~3次，至高程满足吊装要求。

步骤四：合龙口纵向调整，利用主塔处纵桥向布置4台500t千斤顶，将双向千斤顶顶紧，割除锚固段滑动面限位装置，解除P12/P15支座限位，利用主塔处千斤顶调整合龙口尺寸。

步骤五：起吊合龙段钢箱梁。可先将东岸钢箱梁往边跨侧顶推2cm，待合龙段吊装到位后，在夜间温度恒定的情况下，将东岸钢箱梁顶推至设计位置。

步骤六：通过增加或减少配重，微调合龙口两侧钢箱梁高程；沿两岸M20号梁段对角线方向施加应力，调整钢箱梁轴线(两岸钢箱梁往同一侧偏时，此方案不适用)。

步骤七：劲性骨架锁定。

步骤八：钢箱梁焊接，两岸环缝同步进行。

图7.5-1　钢箱梁合龙

# 第8章 主缆架设施工

## 8.1 主缆架设方法选择

### 8.1.1 大循环牵引系统法

1)工作原理

上、下游侧的主缆共用一个环状牵引索,无论回程、去程均可牵引索股,原理图如图8.1-1所示。

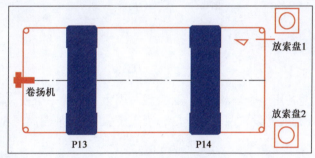

图8.1-1 大循环工作原理图

2)总体布置

西岸锚固段梁面设为牵引区,东岸引桥桥台后方平地设为放索区,东岸锚固段与放索区间架设钢管+贝雷片支架作为索股牵引通道。图8.1-2所示为大循环总体布置图。

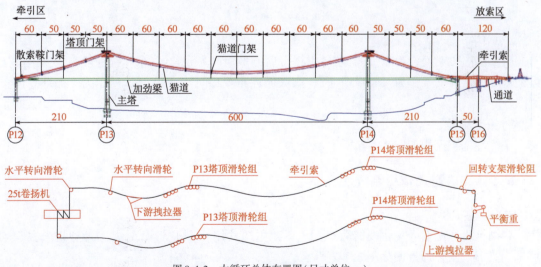

图8.1-2 大循环总体布置图(尺寸单位:m)

3）施工流程

大循环施工流程如图 8.1-3 所示。

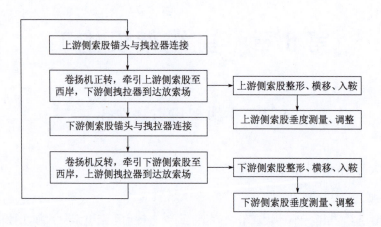

图 8.1-3　大循环施工流程图

### 8.1.2　小循环牵引系统法

1）工作原理

上、下游侧的主缆各用一个环状牵引索，每根牵引索上布置一个拽拉器，去程时牵引索股，回程时空载。小循环方式需设置两套独立的牵引系统，工作原理图如图 8.1-4 所示。

图 8.1-4　小循环工作原理

2）总体布置

西岸锚固段梁面设为牵引区，东岸引桥台后方平地设为放索区，东岸锚固段与放索区间架设钢管+贝雷片支架作为索股牵引通道（与大循环布置相同）。图 8.1-5 所示为小循环总体布置图。

3）施工流程

小循环施工流程如图 8.1-6 所示。

### 8.1.3　往复式牵引系统法

1）工作原理

牵引区设置两套卷扬机及储绳筒，上、下游主缆共用一个 U 形牵引索，无论回程、去程均可牵引索股。工作原理图如图 8.1-7 所示。

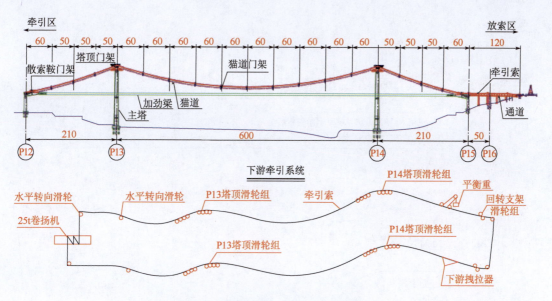

图 8.1-5　小循环总体布置图(尺寸单位:m)

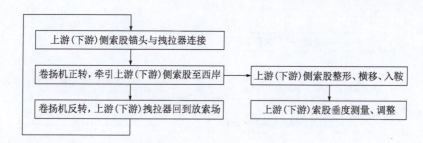

图 8.1-6　小循环施工流程图

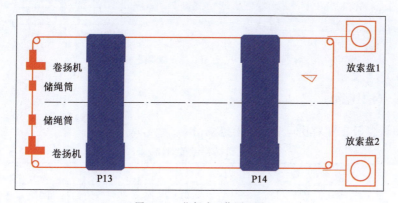

图 8.1-7　往复式工作原理图

2) 总体布置

往复式总体布置如图 8.1-8 所示。

3) 往复式施工流程

往复式施工流程图如图 8.1-9 所示。

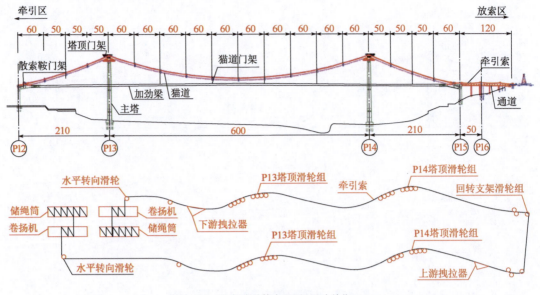

图 8.1-8 往复式总体布置图(尺寸单位:m)

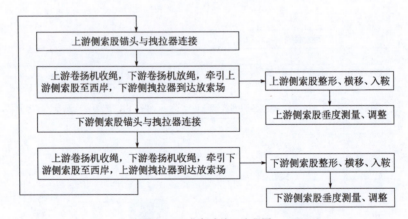

图 8.1-9 往复式施工流程图

### 8.1.4 方法比选

主要材料设备及工期对比见表 8.1-1、表 8.1-2。

主要材料设备对比　　表 8.1-1

| 序号 | 材料设备 | 大循环 | 小循环 | 往复式 | 备注 |
|---|---|---|---|---|---|
| 1 | 牵引索(个) | 2501 | 4944 | 4001 | φ36 |
| 2 | 25t 摩擦卷扬机(台) | 1 | 2 | 2 | |
| 3 | 2000m 储绳筒(套) | — | — | 2 | |
| 4 | 平衡重支架(组) | 1 | 2 | — | |
| 5 | 导轮组(套) | 44 | 88 | 44 | 门架上 |
| 6 | 回转支架(个) | 2 | 2 | 2 | |

续上表

| 序号 | 材料设备 | 大循环 | 小循环 | 往复式 | 备注 |
|---|---|---|---|---|---|
| 7 | 转向架(个) | 2 | 2 | 2 | |
| 8 | 滚筒及支架(个) | 35 | 35 | 35 | 放索场 |
| 9 | 托轮及托轮支架(个) | 489 | 489 | 489 | |
| 10 | 通道(个) | 213 | 213 | 213 | |
| 11 | 龙门起重机(台) | 1 | 1 | 1 | 40t |

工期对比　　　　　　　　　　　　　表8.1-2

| 序号 | 施工内容 | 大循环及往复式施工时间(d) | 小循环施工时间(d) | 备注 |
|---|---|---|---|---|
| 1 | 猫道安装 | 30 | 30 | |
| 2 | 牵引系统安装 | 10 | 15 | |
| 3 | 基准索股安装 | 15 | 15 | |
| 4 | 一般索股安装 | 46 | 39 | |
| 5 | 主缆紧缆 | 50 | 50 | |
| 6 | 合计 | 151 | 149 | |

综合上述情况的分析,从材料设备和工期方面进行对比,选定大循环牵引系统法。

## 8.2 牵引系统及猫道架设

### 8.2.1 猫道结构

猫道是悬索桥施工时架设在主缆之下、平行于主缆的线形临时施工便道。它是施工人员进行施工作业的高空脚手架,是主缆系统乃至悬索桥整个上部结构的施工平台。施工人员在其上完成诸如索股牵引、调股、整形入鞍、紧缆、索夹及吊索安装、箱梁吊装及工地连接、主缆缠丝、防护涂装等重要任务。上下游各一条,断面通常呈 U 形,狭长且有一些摇晃,故称"猫道"。它是悬索桥施工中极其重要的临时设施,大桥竣工后将被拆除。

1)猫道承重索及门架支撑索

猫道承重索采用三跨分离式(图 8.2-1),在梁面及塔顶设置锚固结构;门架支承索与扶手索采用三跨连续式,在梁面设置锚固结构,塔顶设置转向鞍座。承重索是猫道结构的主要受力件。本桥猫道形成后,与空缆中心竖向距离沿全长保持一致。承重索中心线与主缆竖向距离设置为 1.35m。承重索采用 6 根 $\phi48mm(6 \times 37S + IWR)m$ 钢丝绳,抗拉强度为 1870MPa,纵向分为三段,锚固于塔顶及梁面,并在端顶设置线形调节结构。锚头套筒采用 14 号锻钢,套筒内灌注锌。本桥猫道门架支承索采用 2 根 $\phi36mm$ 钢丝绳,与承重索之间竖向距离为 6.5m。

2)猫道面层

猫道面层是工人作业平台,本桥猫道面层设计具有一定的强度和刚度,能防止小工件的穿落。猫道净宽为 4m。

图 8.2-1 三跨分离式猫道图

3) 横梁及门架

猫道门架是主缆牵引索支承结构,在猫道门架横梁上设有牵引索导轮组。每侧猫道设 15 个门架,中跨按照 60m 间距布置,边跨按照 50m 间距布置。门架底梁通过 U 形螺栓与猫道承重索固定。门架下横梁采用 H 型钢,上横梁采用方钢管,立柱分上下两部分,通过 M20 螺栓连接,上部立柱采用方钢管,下部立柱采用方钢管,立柱与横梁采用销接。

横梁采用方钢管,每 3m 一道;栏杆采用角钢,高 1.31m,间距为 3m,栏杆网为 $\phi 5mm$,$70mm \times 100mm$。栏杆与横梁对应设置,采用 2 个 M14 螺栓连接。

其横梁下方安装牵引索导轮组,托轮(图 8.2-2)中心距猫道面 0.9m(塔顶附近由现场根据布置位置确定),纵向按等间距 6m 布置,便于主缆索股架设。

图 8.2-2 托轮布置图

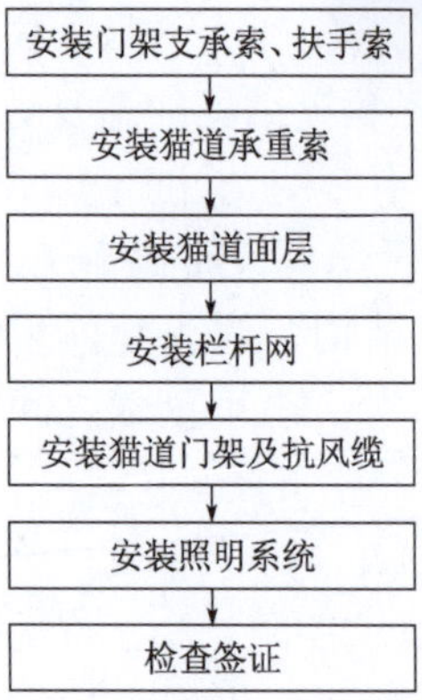

猫道设有抗风索,采用 2 根 $\phi 22mm$ 钢丝绳,利用抗风索将猫道门架底梁与加劲梁相连,增加猫道的抗风稳定性。

## 8.2.2 猫道架设

1) 猫道施工工艺流程

猫道施工工艺流程图见图 8.2-3。

2) 支承索安装步骤

步骤一:将索盘放置于西岸锚固段梁面放索盘上,在梁面上设置拖轮,利用人力牵引猫道索至 P13 塔处,利用塔式起重机、塔顶

安装门架支承索、扶手索
↓
安装猫道承重索
↓
安装猫道面层
↓
安装栏杆网
↓
安装猫道门架及抗风缆
↓
安装照明系统
↓
检查签证

图 8.2-3 猫道施工工艺流程图

门架卷扬机将钢丝绳吊起,穿过在塔顶门架上设置的临时定滑轮后,绳头通过卡环和绳夹头固定在引绳上,然后用卷扬机牵引至P14塔处,采用同样方法将索穿过P14塔后往P15墩方向牵引一定距离。支承索放索如图8.2-4所示。

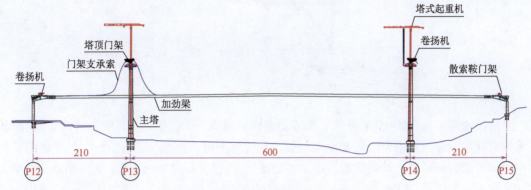

图8.2-4 支承索放索示意图(尺寸单位:m)

步骤二:利用倒链将门架支承索横移,放入其鞍座内。塔顶横移如图8.2-5所示。

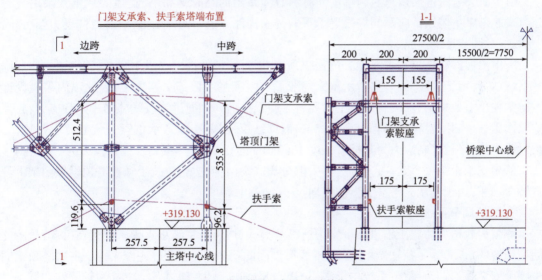

图8.2-5 塔顶横移示意图(尺寸单位:m)

步骤三:利用散索鞍门架上的卷扬机配合倒链,将门架支承索锚固于设计位置。支承索梁面锚固如图8.2-6所示。

步骤四:利用线形调节系统调整线形。要求各索跨中高差控制在±30mm以内。

3)锚固构件与转向架安装

(1)承重索、扶手索、转向架梁面锚固

在浇筑锚固段混凝土过程中,预埋∠80×10×500角钢与□800×20×400钢板等材料构成的预埋件,钢板面低于混凝土梁顶面2cm。每条猫道设置6根承重索,故东西两岸锚固段需设置承重索预埋件24个。每条猫道的扶手索共4根,故东西两岸扶手索预埋件设置16个。在锚固段预埋件顶安装钢索的配套锚座与锚梁,与猫道索进行锚固。与此同时,加工安装两岸散索鞍门架,用于锚固猫道门架支承索。

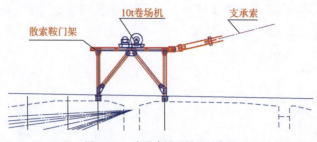

图 8.2-6 支承索梁面锚固示意图

因锚固段箱梁为变截面,承重索无法锚固在同一里程,因此需设置承重索转向架,从而保证承重索线形一致。承重索转向架亦通过锚固段混凝土设置预埋件进行锚固。每个转向架设置 3 个承重索转向通道。转向梁前端设置 2 根 $\phi 32mm$ 精轧螺纹钢,预埋深度 1680mm,混凝土达到设计强度后张拉 220kN 拉力。

(2)承重索、扶手索及转向架塔顶锚固

由于鹅公岩轨道大桥东西两岸塔顶有斜拉体系用的临时钢扣塔,猫道的承重索采用三跨分离式。每座主塔纵桥向两侧需设置承重索锚固构件。锚固构件由塔顶预埋件、反力架、锚固牛腿、线形调节系统构成。

塔顶预埋件在浇筑主塔混凝土过程中预埋,通过预埋件设置锚固牛腿,锚固牛腿与线形调节系统结合,用于固定、调节猫道承重索的线形。由于主塔顶部空间狭小,因此锚固牛腿设计需与索鞍反力架相结合,以满足施工需要。牛腿纵桥向两侧通过钢绞线施加一定预应力,起到抗拉作用。牛腿间对拉采用 4 束 6-$\phi s15.2$ 钢绞线束,需要在猫道承重索安装前完成张拉,分级对称张拉,张拉控制应力为其标准强度 1860MPa 的 0.6 倍,单束钢绞线张拉力为 932.4kN。

门架支承索与扶手索三跨一体,不采取分离式。门架支承索、扶手索在塔顶索鞍门架上设置转向鞍座,用于支承索与扶手索的转向。

4)线形调节系统

鹅公岩轨道大桥施工猫道承重索为三跨分离式,边跨与主跨承重索未连接在一起,故不能使用传统的"承重索下压法"调节承重索线形。因此项目采取新的工艺方法,在主塔塔顶锚固牛腿上安装线形调节系统,系统主梁采用 HW588×300 型钢,通过 $\phi 122mm$ 销轴固定在塔顶锚固牛腿上。每个调节系统设置 6 组调节杆,每组调节杆由两根 $\phi 32 \times 6000mm$ 精轧螺纹钢以及配套的锚具锚垫板组成。承重索形成后,通过对称张拉精轧螺纹钢,调节承重索线形。

5)猫道承重索的调整

(1)待猫道承重索全部架设就位后,根据监控单位计算出空缆阶段猫道承重索线形,进行垂度调整,承重索中心线与主缆空缆中心线竖向距离设置为 1.5m,调整过程如下:

首先中跨猫道调整,全站仪实测中跨跨中点的垂度及中跨跨径,并实测温度,与监控单位计算值比较,利用塔顶的线形调节系统逐根调整精轧螺纹钢有效长度直至满足垂度要求后,进行锚固,并用油漆做好标志。调整计算高程过程中,考虑中跨塔顶处线形调节系统装置以及锚固牛腿对垂度的影响。

(2)待中跨猫道承重索固定好后,即可进行边跨猫道承重索调整,具体步骤如下:

全站仪实测边跨跨中点的垂度及边跨跨径,并实测温度,与监控单位计算值比较,利用线形调节系统调节单根承重索,消除制作精度误差,直至边跨垂度满足要求。

为确保猫道面不倾斜,承重索高程调整偏差控制在±3cm。

6)猫道面层铺设

猫道承重索架设及垂度初调完毕,开始铺设猫道面层。猫道面层架设主要是采用下滑铺设法,如图8.2-7所示,具体施工步骤如下:

(1)在猫道承重索塔端锚固牛腿上设置猫道面网下放支架。猫道面层从塔顶向跨中、锚固段方向分段下放铺设,上、下游猫道对称、平衡地进行。

在地面将组成猫道面层的各种材料,如防滑木条、面层网、角钢等,按设计位置绑扎好,用塔式起重机将面网吊至塔顶下方支架上,再将面层铺设所用的型钢、U形螺栓等吊放到塔顶工作平台上。

(2)铺设时面网前端安装接长段,下方铺装工作台车,利用工作台车自重带动面网下滑,由塔顶工作平台一块块铺设面层网,并按设计要求铺设型钢。用U形螺栓将面网与型钢卡在猫道承重索上,螺栓不宜过紧,以确保面层能在承重索上自由滑动,并对U形螺栓螺母外侧销孔插上开口销,防止在面层滑动过程中螺母脱落。由于塔顶两侧坡度较陡面网依靠自重便能下滑,为防止面网下滑速度太快,在塔顶门架上布设10t反拉卷扬机,反拉卷扬机钢绳依次连接在面层网型钢上,控制整个面层下滑速度。

猫道面层下滑铺设时,同时装上栏杆、侧面网,并向内倒置在面层网上,同面层一起下滑,面网铺装到牛腿处后,从塔顶往下紧固U形螺栓,固定面层,初步形成可行走的一段猫道。

(3)当面网下滑至坡度平缓地段,利用自重不能下滑时,在钢箱梁上设置卷扬机,一端固定在猫道横梁上,通过卷扬机牵引,直至跨中合龙。

图8.2-7 猫道面网铺设图

7)猫道门架安装

猫道门架由塔式起重机提升至塔顶,分上、下两部分安装,下半部分置于猫道承重索上,安装U形螺栓,U形螺栓不能拧太紧,以利于门架下滑;门架上半部分待猫道安装完成后再进行安装,门架上半部分置于门架支承索上,安装螺栓进行限位,然后用人工拖拽将门架滑到设计位置,将门架上、下部分进行连接。猫道门架中跨按照60m间距布置,边跨按照50m间距布置。

猫道面网安装完成后,将扶手栏杆上翻,并紧固扶手栏杆与面层上型钢的螺栓,然后用U形螺栓把扶手索与扶手栏杆相连接,最后上翻猫道侧网与扶手索固定。

8) 抗风索安装

猫道设有抗风索,利用抗风索将猫道门架底梁与加劲梁相连,增加猫道的抗风稳定性,两边跨各设置1道抗风索,主跨抗风索平均分布共设置4道,间距120m。

9) 横向通道安装

猫道横向通道长24.12m,宽0.8m。在钢箱梁梁面上用∠45×4、∠40×4钢材焊接成桁架结构,单个横向通道重量1.09t,用梁面25t汽车吊装至指定位置与承重索底面固定。猫道共设置5道横向通道,中跨每隔200m设置一道,共2道,东边跨设置1道,西边跨设置1道。横向通道通过与上下游猫道、猫道门架的连接,形成稳定的空间结构,除满足上下游猫道之间人员及小型机具的通行外,还可提高自身的整体稳定性,增强其抗风能力。猫道横向通道结构如图8.2-8所示。

图8.2-8 猫道横向通道结构图

### 8.2.3 牵引系统构造

牵引系统是主缆索股架设的必备设备,它的优劣直接影响到主缆架设的成败和质量,本工程上部安装总体工期比较紧,为提高效率、确保工期,主缆拽拉牵引系统采用大循环牵引系统。大循环是一套牵引系统参与上下游两根主缆的架设,牵引系统运行时沿着上下游猫道循环往复作业。配备两组拽拉器,一组拽拉器从放索区牵拉上游(下游)索股到西岸后,另一组拽拉器从西岸回到放索区,卷扬机改变牵引方向,牵引下游(上游)索股从放索区至西岸,如此循环往复作业。

大循环系统由卷扬机、牵引索、拽拉器、导轮、托轮、平衡重支架、转向架、回转架等组成。西岸锚固段梁面设为牵引区,设有卷扬机及导轮。东岸引桥台后设为放索区,设有回转架、平衡重支架及放索场。东岸锚固段与放索区间架设钢管贝雷片支架作为通道。牵引系统立面布置如图8.2-9所示。

# 第8章 主缆架设施工

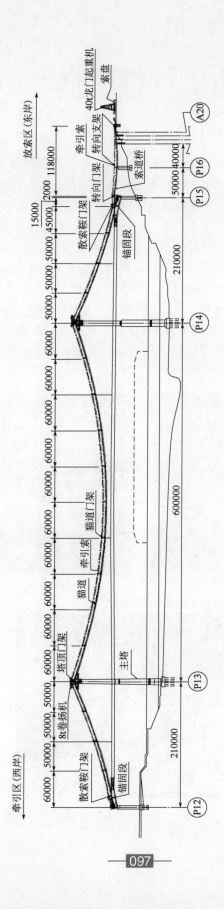

图 8.2-9 牵引系统立面布置图（尺寸单位：mm）

## 8.3 主缆索股制作与架设

### 8.3.1 主缆索股牵引

主缆计算跨径为210m+600m+210m,塔顶处主缆IP点高程均为+321.63m,主缆矢跨比1/10,两根主缆的中心间距为19.5m。每根主缆由92根索股组成,每根索股由127根直径为5.3mm,设计强度为1860MPa的镀锌高强钢丝组成,单根索股无应力长约为1094.8m,重量约为23.4t。

索股架设前,先将待架设的基准索股利用龙门起重机安装在放索支架上,拉出索股前锚头,用专用连接器将索股锚头与牵引系统拽拉器连接,然后启动牵引卷扬机进行索股牵引作业。索股牵引速度一般控制在20~30m/min,在过塔顶门架、散索鞍门架及猫道门架时适当降低牵引速度,减小拽拉器对门架的冲击力。索股牵引过程中,在散索鞍支墩顶、塔顶、猫道上,均安排人员监视看护索股牵引情况,若发现索股扭转、散丝、鼓丝、缠包带断裂等情况,及时纠正或处理,以确保索股架设质量。其他方式牵引系统的索股牵引方法基本相同。现场牵引图如图8.3-1~图8.3-3所示。

图8.3-1 主缆牵引图1

图8.3-2 主缆牵引图2

图8.3-3 主缆牵引图3

主缆索股锚固段内牵引与临时锚固流程如下：

步骤一：利用拽拉器将索股牵引到散索鞍门架正下方位置。

步骤二：利用散索鞍门架处倒链挂起索股，解除索股锚头与拽拉器之间的连接。在距离散索鞍门架约20m处索股上安装握索器，并与散索鞍门架上卷扬机引出牵引绳连接；从锚跨支架上卷扬机引出牵引绳与索股锚头连接。

步骤三：利用散索鞍门架和锚跨支架上的卷扬机，配合散索鞍门架及锚固段内的倒链，牵引索股穿越锚固段。

步骤四：索股穿过锚固段横梁内索道管后，临时锚固。

### 8.3.2 索股横移

牵引完成的索股放在索股托滚上，偏移主缆中心线一定距离，因此要利用散索鞍门架和塔顶门架上的卷扬机配合滑车组进行索股的上提、横移作业。

在距离主索鞍前后各20m，散索鞍前20m左右位置处，将特制握索器安装在索股上，分次拧紧握索器上的紧固螺栓，确保索股与握索器不发生相对滑移，将塔顶门架、散索鞍门架上的卷扬机经动、定滑车组绕线后与握索器相连，组成各自的提升横移系统，待全部握索器提升系统安装完毕后，同时启动各提升卷扬机，将整根索股提离索股托滚，由锚固段、塔顶横移装置，将索股横移到设定位置。

### 8.3.3 索股整形入鞍

整根索股提离索股托滚，此时主、散索鞍前后两握索器之间的索股呈无应力状态，在此状态下进行整形。入鞍前必须将该部分索股断面整理为与鞍槽对应的矩形截面，再放入鞍座内设定位置。

整形前，确定标准丝和标志丝位置，如有扭转应及时矫正。整形时，在距离索鞍前后约3m的地方，分别安装六边形夹具，解除两夹具间索股缠包带。用钢片梳进行索股断面整理，断面由六边形变成四边形，再用专用四边形夹具夹紧，整形过程中人工用木锤敲打索股。

索股入鞍的顺序为：塔顶处由边跨侧向主跨侧，散索鞍处由锚跨向边跨方向依次将索股放入鞍槽内，入鞍时应注意索股着色标志丝在鞍槽里的位置，以确保索股钢丝的平行状态。为防止已经入鞍的索股挤压鞍槽隔板使隔板变形，应在其他鞍槽内填塞楔形木块。索股入鞍后，调整索股上的标记点与一个塔设计位置吻合。为防止待调索股与已调索股间相互挤压，适当预抬高其垂度，一般20~30cm。索股入鞍完成后，将索股两端锚头与该索股相对应位置的锚固系统连接，将索股临时锚固。索股入鞍如图8.3-4所示。

### 8.3.4 索股下压

主缆索股在散索段根据主缆理论中心线分为上半区和下半区。因主缆架设全部完成后，才能安装鞍盖，上半区主缆索股锚固时，需对其进行下压处理。索股下压利用原散索鞍支承架，在支承架上托架底部焊接双拼400H型钢，型钢上焊接锚点钢板，利用尼龙吊带紧固索股。主缆索股下压施工如图8.3-5所示。

图8.3-4　索股入鞍图

图8.3-5　主缆索股下压施工

### 8.3.5　主缆索股垂度调整

主缆索股调整分为基准索股垂度调整和一般索股垂度调整两种。索股垂度调整要求在风速较小、夜间温度稳定的时间段进行。索股调整的温度稳定条件：长度方向索股的温差 $\Delta T \leqslant 2℃$，横断面方向的温差 $\Delta T \leqslant 1℃$。

基准索股垂度调整方法是采用绝对高程法，一般索股垂度调整采用相对基准法进行第一根索股为基准索股，以它为基准，架设主缆其他索股。

1）索股垂度调整顺序

索股调整的顺序为先主跨后边跨，再锚跨。基本方法是将索股的特定标志点对准一个主索鞍上相应的标志点，并用千斤顶和木楔固定。再调整索股在另一塔主索鞍中的位置，直至主跨垂度符合要求，固定后再调整两边跨的垂度，达到要求后，在散索鞍中固定，最后调整锚跨索股的张力。

2）基准索股垂度调整

（1）基准索股绝对垂度的监测

基准索股垂度的监测就是对基准索股主、边跨跨中高程的测量，并与相应工况下监控计算的垂度值相比较，以控制和调整基准索股线形。

(2)基准索股垂度的调整

利用两台全站仪分别从不同的方向同时观测,进行三角高程测量,在主缆主跨跨中,设置全站仪反光棱镜,置全站仪于观测站控制点上,利用已知水准控制点,测量出索股跨中点高程(垂度),并与设计垂度进行比较,并进行温度、跨径修正。根据计算出的调整量,通过控制索股在鞍槽内的移动量来达到垂度调整的目的,直至主跨跨中点垂度符合设计要求后,在主索鞍处将索股固定在鞍槽内,并用油漆做好索股固定标志,方便后续索股架设前检查该索股是否有滑移。

主跨跨中点垂度符合要求后,调整两边跨跨中垂度,两边跨跨中垂度调整方法同中跨,同样采用三角高程法测量调整垂度,直至边跨跨中垂度满足设计要求后,在散索鞍鞍槽处将索股固定。

主跨、边跨索股垂度调整好后,进行锚跨索股张力调整。锚跨张力调整采用千斤顶完成,使每根索股的张力控制在设计要求范围内并拧紧螺母。

在绝对垂度满足设计要求后,同时进行上下游两根基准索相对垂度调整。

主跨绝对高程允许误差为 $\pm L/20000$($L$ 为跨径),边跨绝对高程允许误差是中跨的 2 倍,上下游索股相对高差允许值为 10mm。

基准索股的垂度调整好后,应至少连续观测 3 个晚上(夜间温差较小),确认线形符合要求后,将连续 3 个晚上观测的数据经算术平均后作为基准索股的最终线形。

3)一般索股相对垂度的测量及调整

基准索股以外的索股为一般索股。一般索股的调整条件同样要求在风速较小、温度稳定的夜间进行。

(1)调整原理

根据主缆紧缆前排列情况,为了保证一般索股调整时参照的基准索始终处于自由飘浮状态,采用主缆各层外侧一根一般索作为相对基准索股,其垂度依靠基准索股进行传递,然后利用各层相对基准索股调整其同一排一般索股和上一排相对基准索股的垂度,以达到主缆线形调整的目的。另外,为了消除调整误差的积累,每根相对基准索的调整误差均进行传递,即调整下一根相对基准索时,它们之间的理论相对垂度值中要减去当前相对索的调整误差值,以确保每一根索相对于基准索股的调整误差均为 $-5 \sim 10$mm;当索股架设到一定数量时,还要用全站仪对相对基准索进行绝对垂度的检测。

(2)索股垂度调整顺序

采用相对基准索股法进行主缆一般索股垂度调整时,主缆索股架设顺序尽量按设计图纸上的编号逐一架设。

(3)调整方法

一般索股调整时索股温度的测定,测索股跨中点 4 个面的温度值,取均值。相对基准索股温度 $T_0 = (t_1 + t_2 + t_3 + t_4)/4$,待调整索股温度 $T_1 = (t_1 + t_2 + t_3 + t_4)/4$;对基准索股与待调索股高差测定。索股垂直度调整如图 8.3-6 所示。

4)索股入鞍调整

索股在各鞍槽内必须及时采用硬木块填压,并在鞍槽上部施以千斤顶反压索股进行固定,防止已调整索股在后续索股架设和调整过程中发生滑动,一旦发生此类情况,查明原因,并采用相应的措施处理好后,才能进行后续索股的架设。

图 8.3-6 索股垂直度调整

当一般索股架设一定数量后,为便于主跨各索股的排列和保持其形状,每隔一定间距设置一组 V 形保持器,同时在 V 形保持器之间设置主缆竖向保持器(图 8.3-7),以使主缆各索股按设计断面形状排列。索股架设一定数量后,在主、散索鞍处,及时安装鞍槽隔板。

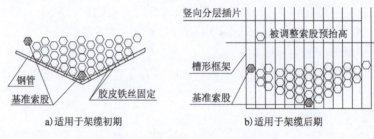

图 8.3-7 主缆索股形状保持器

主缆索股架设期间,在风速较大时,间隔一定距离用麻绳捆绑索股,并与猫道连接在一起,防止索股与猫道摆动幅度不一致而发生碰撞,影响索股调整精度或损坏镀锌层。

主缆索股架设完毕后,在主、散索鞍处填压锌填块,安装盖板,装上紧固拉杆。

5)锚跨索股张力调整

每根索股垂度调整完毕,及时用千斤顶张拉调整两锚跨索股的张力。索股张力调整以设计和监控提供的数据为依据,调整量应根据调整装置中测力计的读数和锚头移动量双控确定,精度要求为:实际拉力与设计值之间的允许误差为设计锚固力的 3%。

## 8.4 主缆紧缆

### 8.4.1 紧缆原则

全部索股的架设完成后,由于索股、钢丝之间都存在空隙,主缆表观直径比设计要求的直径大得多。为了能够顺利地进行索夹安装及缠丝作业,需要将主缆截面紧固为圆形,形成钢丝密臣排列的承力结构(图 8.4-1、图 8.4-2),并达到设计要求的空隙率。

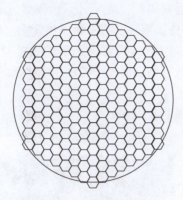 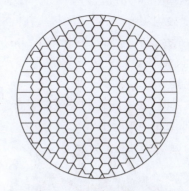

图 8.4-1　紧缆前主缆截面　　　　图 8.4-2　紧缆后主缆截面

### 8.4.2　预紧缆

预紧缆作业在夜间索股的温度稳定时,除去周边索股的捆扎带后进行。采用先疏后密方法进行,每隔 5m 左右紧固一次,保证主缆 28%~30% 空隙率。

在主缆表面相应位置处铺设麻袋片以免预紧缆时损伤钢丝,利用手拉葫芦收紧主缆,同时拆除周边索股的捆扎带,人工用大木锤均匀敲打主缆四周,校正索股和钢丝的排列顺序,避免出现绞丝、串丝和鼓丝现象。后用软钢带捆扎紧,使主缆截面接近圆形。预紧缆示意如图 8.4-3 所示。

图 8.4-3　预紧缆示意图

### 8.4.3　正式紧缆

(1)预紧缆作业完成后,使用紧缆机将主缆截面紧固为圆形,并达到设定的空隙率。紧缆顺序为:紧缆作业从塔顶分别向跨中和锚固段方向进行,先中跨,后两个边跨。

(2)在正式紧缆之前,进行试紧缆,对紧缆机进行调试,以获得所需的主缆直径及将紧压循环时间减至最少。

(3)根据试紧缆确定的调节设定值及具体操作步骤进行紧缆。

(4)紧缆过程中紧缆机每次移动操作中都要对主缆的周长、垂直直径和水平直径进行 2~3 次检查,测量在压紧时测一次,用捆扎带扎紧后再测一次,前一数据是主缆的压实程度,更能代表索夹内主缆的状态。

(5) 在主缆上每隔 0.8m 进行紧压,并在靠近紧固蹄位置捆扎两道钢带,钢带接头应在主缆圆周的下半部分均匀分布,防止因接头在同一位置而在主缆上留下槽影响主缆外形;在索夹的位置,紧压和钢带捆扎都加密到每隔 0.4m 一次,同时在索夹两端的靠近处增加了附加钢带,以确保当拆除钢带安装索夹时,索夹两端仍然有钢带捆扎来控制主缆的尺寸。

(6) 主缆应紧至最靠近鞍座处。

(7) 工作紧缆时,在紧固蹄和主缆之间布置橡胶垫保护主缆。

紧缆施工如图 8.4-4 所示。

图 8.4-4　紧缆施工

### 8.4.4　紧缆后线形测量

主缆紧缆完毕后,在夜间温度稳定时,对主缆进行空缆线形测量,确定主缆实际空缆线形。并在主缆上精确测放出索夹的位置及天顶线方向。根据主缆实际空缆线形、实测索夹精确质量以及钢箱梁重量等,由设计单位计算各吊索精确长度,吊索生产厂家开始下料生产。线形测量应连续观测 3d 以确保主缆线形测量准确。

## 8.5　索夹、吊索安装

### 8.5.1　索夹安装

1) 索夹放样及安装

索夹测量工作必须在夜间温度稳定无风时进行。索夹放样采取一次放样,复核后方可进行索夹安装。

索夹放样采用全站仪放出吊索中心线与主缆天顶线的交点、用钢尺量距法放出索夹天顶线交点至索夹两端的距离来定位索夹,相邻索夹距离用钢尺复核,精确地放出各个索夹的位置。根据放样结果,从放样点往两端测量出索夹边缘所在位置,用红色记号笔做上定位标识,在主缆上索夹边缘往外 10cm 处用蓝色记号笔做上参考标识,方便安装索夹时对位。

2) 安装方法

边跨索夹由锚跨处向塔顶逐只安装,主跨索夹由跨中至塔顶逐只安装。索夹安装如图 8.5-1 所示。

图 8.5-1　索夹安装示意图

主缆索股受自重影响，横竖径不同，横径略大于竖径，索夹结构为上下两半，直接安装困难，为保证索夹能顺利安装，减小横竖径差的影响，采用夹具对主缆两侧面施加一定的压力，使主缆横径小于索夹内径。

索夹安装步骤为：

（1）索夹先吊至塔顶，然后用专用小车沿主缆运至安装位置，先将两半索夹就位合龙，穿入螺杆并初拧，每根 M42 螺杆设计初紧拉力为 708kN。

（2）在吊索安装张拉完毕，主缆防护前以及成桥后 10 个月，分三次张拉，补足螺杆拉力至 495kN。

## 8.5.2　吊索安装

如图 8.5-2 所示，利用钢箱梁检修小车作为吊索底端安装操作平台，猫道作为顶端操作平台，在吊索安装前，必须将索夹安装到位并按要求紧固好螺杆。

图 8.5-2　吊索安装示意图

吊索安装步骤为：

（1）吊索运至梁面待安装吊索索夹下方。

（2）利用塔端卷扬机配合滑车组提升吊索上锚头，并与索夹固定。

（3）根据监控指令进行张拉，将吊索下锚头锚固到钢箱梁设计位置。

# 第9章 临时斜拉结构转换为悬索结构施工

## 9.1 体系转换过程与步骤

"斜拉-悬索"体系转换分为三个阶段:
第一个阶段(CS1):吊索安装及张拉;
第二个阶段(CS2):拆除斜拉索;
第三个阶段(CS3):拆除临时结构,施工桥面附属结构,边墩顶升,悬索桥成桥。

### 9.1.1 CS1:吊索安装及张拉

根据体系转换施工顺序,吊杆从桥塔处分别往跨中和锚跨方向安装。边跨吊索 LS1~LS11、RS1~RS11 全部 1 张到位。中跨 M0、LM1~LM4、LM11~LM19、RM1~RM4、RM11~RM19 共 25 对吊索 1 张到位;LM5~LM6、LM10、RM5~RM6、RM10 共 6 对吊索 2 张到位;LM7、LM9、RM7、RM9 共 4 对吊索 3 张到位;LM8、RM8 共 2 对吊索 4 张到位。过程中主索鞍顶推 10 次。13 号塔顶主索鞍往边跨预偏 500mm,14 号塔顶主索鞍往边跨方向预偏 603mm。

CS1-1:安装 LM19、LM18、RM19、RM18 吊索。一次安装到位。
CS1-2:安装 LM17、LM16、RM17、RM16 吊索。一次安装到位。
CS1-3:第 1 次往中跨方向顶推主索鞍。顶推距离根据监控指令确定。
CS1-4:安装 LM15、LM14、RM15、RM14 吊索。一次安装到位。
CS1-5:第 2 次往中跨方向顶推主索鞍。顶推距离根据监控指令确定。
CS1-6:安装 LS1、LM13、LM12、RM13、RM12、RS1 吊索。一次安装到位。
CS1-7:第 3 次往中跨方向顶推主索鞍。顶推距离根据监控指令确定。
CS1-8:安装 LS2、LS3、LM11、LM10、RM11、RM10、RS2、RS3 吊索。LS2、LS3、LM11、LM10、RM11、RM10、RS2、RS3 吊索一次安装到位,LM10、RM10 吊索第一次张拉(需二次张拉到位)。
CS1-9:第 4 次往中跨方向顶推主索鞍。顶推距离根据监控指令确定。
CS1-10:安装 LS4、LM9、RM9、RS4 吊索。LM10、RM10 吊索第二次张拉到位,LS4、RS4 吊索一次安装到位,LM9、RM9 吊索第一次张拉(需三次张拉到位)。
CS1-11:安装 LS5、LM8、RM8、RS5 吊索。LM9、RM9 吊索第二次张拉,LS5、RS5 吊索一次安装到位,LM8、RM8 吊索第一次张拉(需四次张拉到位)。
CS1-12:第 5 次往中跨方向顶推主索鞍。顶推距离根据监控指令确定。
CS1-13:张拉 LM9、LM8、RM9、RM8 吊索。LM9、RM9 吊索第三次张拉到位,LM8、RM8 吊索第二次张拉(需四次张拉到位)。

CS1-14：第6次往中跨方向顶推主索鞍。顶推距离根据监控指令确定。

CS1-15：安装LS6、LM7、RM7、RS6吊索。LM8、RM8吊索第三次张拉，LS6、RS6吊索一次安装到位，LM7、RM7吊索第一次张拉（需三次张拉到位）。

CS1-16：第7次往中跨方向顶推主索鞍。顶推距离根据监控指令确定。

CS1-17：张拉LM8、LM7、RM8、RM7吊索。LM8、RM8吊索第四次张拉到位，LM7、RM7吊索第二次张拉（需三次张拉到位）。

CS1-18：第8次往中跨方向顶推主索鞍。顶推距离根据监控指令确定。

CS1-19：安装LS7、LM6、RM6、RS7吊索。LM7、RM7吊索第三次张拉到位，LS7、RS7吊索一次安装到位，LM6、RM6吊索第一次张拉（需二次张拉到位）。

CS1-20：第9次往中跨方向顶推主索鞍。顶推距离根据监控指令确定。

CS1-21：安装LS8、LM5、RM5、RS8吊索。LM6、RM6吊索第二次张拉到位，LS7、RS7吊索一次安装到位，LM5、RM5吊索第一次张拉（需二次张拉到位）。

CS1-22：第10次往中跨方向顶推主索鞍。顶推距离根据监控指令确定。

CS1-23：安装LS9、LM4、RM4、RS9吊索。LM5、RM5吊索第二次张拉到位，LS9、LM4、RM4、RS9吊索一次安装到位。

CS1-24：安装LS10、LM3、RM3、RS10吊索。一次张拉到位。

CS1-25：安装LS11、LM2、RM2、RS11吊索。一次张拉到位。

CS1-26：安装LM1、M0、RM1吊索。一次张拉到位。

### 9.1.2 CS2：拆除斜拉索

斜拉索先拆除第3对（LWS3、LWM3、LEM3、LES3）、第4对（LWS4、LWM4、LEM4、LES4），然后从塔顶往塔底方向依次拆除。拆索过程中主索鞍顶推1次。斜拉索拆除顺序及索力统计见表9.1-1。

斜拉索拆除顺序及索力统计表　　　　　表9.1-1

| 拆除顺序 | 斜拉索编号 | 索力(kN) | 斜拉索编号 | 索力(kN) | 斜拉索编号 | 索力(kN) | 斜拉索编号 | 索力(kN) |
|---|---|---|---|---|---|---|---|---|
| 1 | LWS3 | 3023 | LWM3 | 2190 | LEM3 | 2562 | LES3 | 2448 |
| 2 | LWS4 | 3035 | LWM4 | 2837 | LEM4 | 2032 | LES4 | 3176 |
| 3 | LWS16 | 2716 | LWM16 | 3810 | LEM16 | 3714 | LES16 | 3284 |
| 4 | LWS15 | 3182 | LWM15 | 4325 | LEM15 | 4238 | LES15 | 3734 |
| 5 | LWS14 | 2982 | LWM14 | 4440 | LEM14 | 4453 | LES14 | 3530 |
| 6 | LWS13 | 3379 | LWM13 | 4495 | LEM13 | 4499 | LES13 | 3627 |
| 7 | LWS12 | 4217 | LWM12 | 4241 | LEM12 | 4273 | LES12 | 4267 |
| 8 | LWS11 | 3474 | LWM11 | 3959 | LEM11 | 3592 | LES11 | 3772 |
| 9 | LWS10 | 3174 | LWM10 | 3816 | LEM10 | 3756 | LES10 | 2997 |
| 10 | 第11次往中跨方向顶推主索鞍 | | | | | | | |
| 11 | LWS9 | 3337 | LWM9 | 3966 | LEM9 | 3906 | LES9 | 2815 |
| 12 | LWS8 | 2955 | LWM8 | 4146 | LEM8 | 4078 | LES8 | 3046 |

续上表

| 拆除顺序 | 斜拉索编号 | 索力(kN) | 斜拉索编号 | 索力(kN) | 斜拉索编号 | 索力(kN) | 斜拉索编号 | 索力(kN) |
|---|---|---|---|---|---|---|---|---|
| 13 | LWS7 | 2592 | LWM7 | 4022 | LEM7 | 3777 | LES7 | 2933 |
| 14 | LWS6 | 2494 | LWM6 | 3730 | LEM6 | 3663 | LES6 | 2711 |
| 15 | LWS5 | 2507 | LWM5 | 4084 | LEM5 | 3568 | LES5 | 3131 |
| 16 | LWS2 | 3724 | LWM2 | 4527 | LEM2 | 3685 | LES2 | 3636 |
| 17 | LWS1 | 3746 | LWM1 | 4402 | LEM1 | 3929 | LES1 | 3974 |

### 9.1.3 CS3：拆除临时结构，施工桥面附属结构，边墩顶升，悬索桥成桥

（1）拆除临时钢塔及锚固段支架，使锚固段转换至P12、P15支座受力；
（2）施工桥面附属；
（3）第12次往边跨方向顶推主索鞍，拆除顶推装置；
（4）边墩顶升，锚固P11、P16支座，悬索桥成桥。

## 9.2 吊索张拉与临时斜拉索卸荷

根据吊索张拉位移及张拉力，张拉杆安装可分为3种工况，分别为张拉杆1、张拉杆1+张拉杆2和张拉杆1+张拉杆3，每种工况安装方法相同，以张拉杆1+张拉杆2安装工况为例进行说明。

### 9.2.1 吊索张拉

1）张拉杆安装

吊索与索夹连接后，在钢箱梁梁面上安装连接套、张拉杆1及张拉杆2，全部安装完成后利用汽车起重机将张拉端提起一定高度，使张拉杆2高出索导管，然后将张拉系统缓慢放入索导管内，直至张拉杆2从千斤顶端头穿出，然后安装螺母、撑脚及千斤顶等，检查无误后进行张拉施工。张拉系统安装如图9.2-1所示。

2）千斤顶及撑脚安装

千斤顶与撑脚分次先后吊装至检修小车上，在风嘴上设置吊点，利用倒链将撑脚安装至指定位置后，临时固定，再用相同方式将千斤顶安装到位，安装完成后检查撑脚、千斤顶及索导管同心情况。

3）吊索张拉前的准备工作

（1）张拉千斤顶与张拉油表进场前应在国家有资质监测单位进行标定，并提供标定证书，标定证书中的

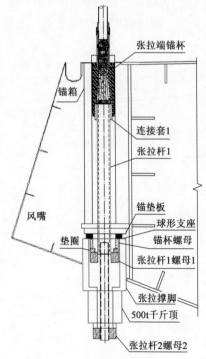

图9.2-1 张拉系统安装示意图

回归方程是油表读数与张拉力换算的重要依据。

(2)吊索张拉前应进行技术交底,确认本次索的张拉力和伸长量,检查张拉千斤顶位置是否居中并调整固定,检查千斤顶配套设备的编号,以便确认该千斤顶标定的回归方程。

(3)检查锚头和张拉杆丝口安装过程中是否有碰伤。

(4)吊索张拉前各种记录表格准备齐全。

(5)吊索张拉前要求各项安全措施都已具备完善,并经检查合格。

(6)居中控制:在锚垫板和撑脚上面均画出十字中心线,张拉前两条十字中心线重合即表示吊索锚杯已居中。

4)吊索张拉

吊索张拉时,应根据监控领导小组下达的张拉指令进行张拉。做好伸长量、油表读数记录,张拉顺序按设计要求办理,张拉所需千斤顶、油泵、油表应配套标定、配套使用,张拉记录应完整齐全。

吊索张拉以监控指令为准,其控制原则为上游吊索张拉到位时,螺母应旋至锚杯实心段中心,下游吊索以与对应上游吊杆张拉力终值相同确定螺母位置,同号吊索上下游索力终值误差应不大于1%;同号上下游吊索应对称分级同步张拉,任何时刻各千斤顶同步力之差不得大于500kN。

吊索张拉前后,必须对桥梁和索塔的变位进行监控,测量时在温度均匀时进行,一般情况在日出前测量完毕。

5)张拉时,为保证索力精度控制在±1%以内,采取下列方法来满足要求

(1)同索号吊索张拉时严格按照同步、分级、对称的原则进行张拉作业。

(2)吊索进油表选用标定精度不低于1.0级油压表,保证油表读数精确。

(3)张拉过程中,要详细记录油表读数-索力-伸长量-索头相对锚垫板的位置,填写吊索张拉记录并上报监理。

(4)读表时,操作人员视线应与油表面垂直,保证读数精确。

(5)施工人员对锚头外露量测量时,应精确控制,控制误差为±1mm。

(6)规范油泵、千斤顶等设备的操作,避免由于操作不当而引起的张拉设备异常。

单根吊索张拉完成后,拆除张拉设备及张拉杆,张拉杆、连接套、千斤顶及撑脚运至梁面进行下一对吊索张拉系统安装,重复上述操作进行吊索张拉作业,直至全桥吊索安装完成。

## 9.2.2 临时斜拉索卸荷步骤

1)步骤一:塔端张拉杆放索

表9.2-1、表9.2-2所示分别为斜拉索塔端可下放最大距离统计和斜拉索张拉杆下放至平扣状态时索力。

(1)塔端安装连接套,直至锚杯内丝扣满丝,然后依次安装、张拉杆、撑脚、穿心千斤顶及张拉杆副螺母。

(2)用千斤顶对斜拉索进行放张,每次根据千斤顶行程放松200mm,直至张拉杆副螺母旋至平扣。中跨采用长度2.5m张拉杆,边跨采用长度1.6m张拉杆,因塔内空间有限,先同步对两岸边跨张拉杆放索一段距离,后安装中跨张拉杆进行放索,根据塔端锚头实际外露量以及斜

拉索拆除时索力,当张拉杆副螺母旋至平扣时,根据斜拉索下放距离,利用计算公式可求出此时斜拉索索力。

斜拉索塔端可下放最大距离统计　　　　表9.2-1

| 斜拉索编号 | 塔端锚头实际外露值(m) | 最大下放距离(m) | 斜拉索编号 | 塔端锚头实际外露值(m) | 最大下放距离(m) |
| --- | --- | --- | --- | --- | --- |
| WM1 | 0.51 | 1.55 | EM1 | 0.189 | 1.234 |
| WM2 | 0.68 | 1.72 | EM2 | 0.263 | 1.308 |
| WM3 | 0.78 | 1.82 | EM3 | 0.383 | 1.428 |
| WM4 | 0.70 | 1.75 | EM4 | 0.733 | 1.778 |
| WM5 | 0.83 | 1.87 | EM5 | 0.730 | 1.775 |
| WM6 | 0.83 | 1.88 | EM6 | 0.756 | 1.801 |
| WM7 | 0.78 | 1.83 | EM7 | 0.676 | 1.721 |
| WM8 | 0.93 | 1.97 | EM8 | 0.779 | 1.824 |
| WM9 | 0.91 | 1.96 | EM9 | 0.841 | 1.886 |
| WM10 | 0.97 | 2.01 | EM10 | 0.867 | 1.912 |
| WM11 | 0.75 | 1.80 | EM11 | 0.678 | 1.723 |
| WM12 | 0.83 | 1.88 | EM12 | 0.734 | 1.779 |
| WM13 | 0.96 | 2.01 | EM13 | 0.859 | 1.904 |
| WM14 | 0.98 | 2.02 | EM14 | 0.948 | 1.993 |
| WM15 | 0.94 | 1.99 | EM15 | 0.801 | 1.846 |
| WM16 | 1.03 | 2.07 | EM16 | 0.830 | 1.875 |
| WS1 | 0.47 | 0.61 | ES1 | 0.215 | 0.360 |
| WS2 | 0.51 | 0.66 | ES2 | 0.241 | 0.386 |
| WS3 | 0.54 | 0.69 | ES3 | 0.682 | 0.827 |
| WS4 | 0.49 | 0.63 | ES4 | 0.576 | 0.721 |
| WS5 | 0.50 | 0.64 | ES5 | 0.622 | 0.767 |
| WS6 | 0.47 | 0.62 | ES6 | 0.593 | 0.738 |
| WS7 | 0.44 | 0.59 | ES7 | 0.584 | 0.729 |
| WS8 | 0.50 | 0.65 | ES8 | 0.505 | 0.650 |
| WS9 | 0.34 | 0.48 | ES9 | 0.473 | 0.618 |
| WS10 | 0.45 | 0.60 | ES10 | 0.557 | 0.702 |
| WS11 | 0.52 | 0.67 | ES11 | 0.611 | 0.756 |
| WS12 | 0.52 | 0.66 | ES12 | 0.599 | 0.744 |
| WS13 | 0.48 | 0.63 | ES13 | 0.545 | 0.690 |
| WS14 | 0.44 | 0.58 | ES14 | 0.558 | 0.703 |
| WS15 | 0.44 | 0.59 | ES15 | 0.593 | 0.738 |
| WS16 | 0.43 | 0.58 | ES16 | 0.603 | 0.748 |

注:最大下放距离 = 塔端锚头实际外露值 + 张拉杆长度 -(张拉杆副螺母 + 千斤顶高度 + 撑脚高度 + 连接套高度)。

## 第9章 临时斜拉结构转换为悬索结构施工

**斜拉索张拉杆下放至平扣状态时索力**  表9.2-2

| 拆除顺序 | 斜拉索编号 | 张拉杆平扣时索力(kN) | 斜拉索编号 | 张拉杆平扣时索力(kN) | 斜拉索编号 | 张拉杆平扣时索力(kN) | 斜拉索编号 | 张拉杆平扣时索力(kN) |
|---|---|---|---|---|---|---|---|---|
| 1 | LWS3 | 303 | LWM3 | 137 | LEM3 | 196 | LES3 | 196 |
| 2 | LWS4 | 203 | LWM4 | 191 | LEM4 | 157 | LES4 | 279 |
| 3 | LWS16 | 1054 | LWM16 | 499 | LEM16 | 532 | LES16 | 794 |
| 4 | LWS15 | 1160 | LWM15 | 618 | LEM15 | 649 | LES15 | 933 |
| 5 | LWS14 | 1066 | LWM14 | 587 | LEM14 | 591 | LES14 | 944 |
| 6 | LWS13 | 1021 | LWM13 | 532 | LEM13 | 549 | LES13 | 923 |
| 7 | LWS12 | 953 | LWM12 | 499 | LEM12 | 515 | LES12 | 868 |
| 8 | LWS11 | 841 | LWM11 | 434 | LEM11 | 464 | LES11 | 765 |
| 9 | LWS10 | 945 | LWM10 | 380 | LEM10 | 391 | LES10 | 810 |
| 10 | LWS9 | 710 | LWM9 | 330 | LEM9 | 337 | LES9 | 881 |
| 11 | LWS8 | 896 | LWM8 | 290 | LEM8 | 304 | LES8 | 841 |
| 12 | LWS7 | 513 | LWM7 | 252 | LEM7 | 262 | LES7 | 440 |
| 13 | LWS6 | 356 | LWM6 | 190 | LEM6 | 195 | LES6 | 310 |
| 14 | LWS5 | 284 | LWM5 | 163 | LEM5 | 169 | LES5 | 248 |
| 15 | LWS2 | 118 | LWM2 | 80 | LEM2 | 101 | LES2 | 173 |
| 16 | LWS1 | 303 | LWM1 | 23 | LEM1 | 26 | LES1 | 56 |

由表9.2-2所示张拉杆下放至平扣状态时索力数据可知,下一步梁端采用150t千斤顶放张能满足施工要求。对于表中索力小于200kN对应斜拉索,梁端可直接进行梁端卷扬机牵引系统放索。

2) 步骤二:梁端硬张拉杆(或精轧螺纹钢)放索

图9.2-2、图9.2-3分别为梁端硬张拉杆放索和梁端卷扬机牵引系统放索示意图。

(1) 梁端安装连接套、张拉杆(或精轧螺纹钢),直至锚杯内丝扣满丝,然后依次安装撑脚、150t穿心千斤顶及张拉杆副螺母。锚固段后锚区域S8、S12斜拉索锚头距离锚跨合龙段底板净空小,需沿索导管方向在底板上预留直径200mm孔洞,方便张拉杆(或精轧螺纹钢)安装。

(2) 用千斤顶对斜拉索进行放张,每次根据千斤顶行程放松100mm,直至斜拉索索力小于20t后停止放张。

3) 步骤三:梁端卷扬机牵引系统放索

(1) 在距梁端锚杯4~6m处的索体上设置两处专用哈弗夹,在索体靠上的哈弗夹上设置吊点,用于25t汽车起重机起吊;在索体靠下的哈弗夹上设置动滑车组,将10t卷扬机牢固地固定在桥面上，采用 φ28mm 钢丝绳，并在该斜拉索前端设 10t 转向滑车，钢丝绳通过转向滑车与索体上动滑车组连接。在锚箱下设置抄垫防止斜拉索脱出锚箱后锚箱失稳。

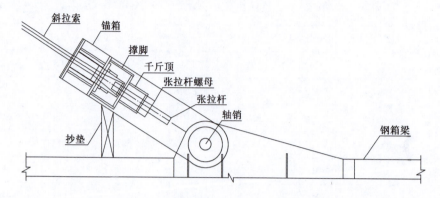

图 9.2-2　梁端硬张拉杆放索示意图

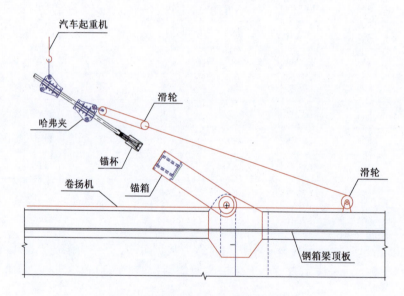

图 9.2-3　梁端卷扬机牵引系统放索示意图

（2）启动梁面卷扬机牵引系统，缓慢将斜拉索前端锚头牵引出锚箱，利用汽车起重机将锚杯下放至钢箱梁面锚杯小车上，解除哈弗夹上吊点；继续往主塔方向牵引斜拉索，每隔一段距离，在索体下放置单轴小车，防止索体与梁面接触；当斜拉索牵引至接近主塔处时牵引完成。

4）步骤四：塔端卷扬机牵引放索

（1）利用临时扣塔上施工平台在斜拉索上安装哈弗夹，在哈弗夹设置吊点，塔吊略微提升索体，保证哈弗夹上方索体处于完全松弛状态，塔端锚头不再受力。

（2）拆除塔端张拉杆副螺母，塔式起重机与塔顶 5t 卷扬机相互配合将斜拉索索头缓慢牵引出索道管，下放斜拉索至梁面。

（3）在梁面将斜拉索切割至 6~7m 每节，运离施工现场。

塔端卷扬机牵引系统放索示意如图 9.2-4 所示。

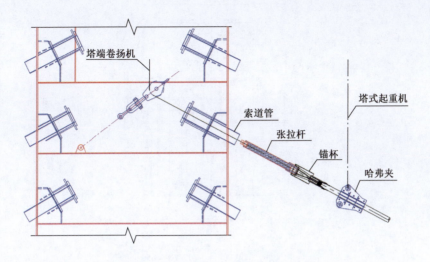

图 9.2-4　塔端卷扬机牵引系统放索示意图

## 9.3　主索鞍顶推

主索鞍安装时,按照监控指令对主索鞍往边跨侧进行预偏。体系转换施工过程中,随着吊杆的张拉,桥塔两侧主缆的不平衡力越来越大,使得桥塔发生纵向位移,需往中跨侧对主索鞍进行多次顶推,以此消除不平衡力,使塔身恢复竖直。

### 9.3.1　顶推反力架设置

如图 9.3-1、图 9.3-2 所示,主索鞍顶推采用反力架顶推方法,反力架长度 1.5m,高度 2.5m,横向宽度 2.7m,与主塔两侧预埋件进行焊接,最后利用对拉钢绞线锚固于主塔两侧。

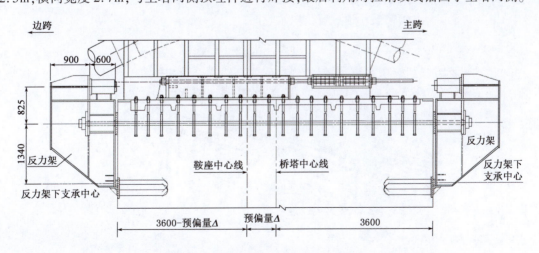

图 9.3-1　反力架侧立面构造图(尺寸单位:mm)

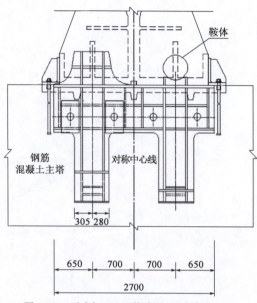

图 9.3-2 反力架正立面构造图(尺寸单位:mm)

### 9.3.2 顶推

根据设计要求,主索鞍鞍体安装前索鞍底座除锈处理,并在主索鞍鞍体底面与座板顶面涂耐磨减摩擦材料,以降低顶推过程中的摩擦力。

13号塔顶主索鞍往边跨预偏500mm,14号塔顶主索鞍往边跨方向预偏603mm。在每处主索鞍靠边跨侧布置2台300t液压千斤顶,按照监控指令,分阶段对主索鞍进行顶推,直至体系转换完成,索鞍顶推至成桥设计位置,最后拆除顶推反力架。

当收到顶推监控指令后,确认东西岸主索鞍顶推距离,然后打开调距锁定板中拉杆螺母至指定位置,主塔两侧主索鞍同步缓慢地顶推,任何状态下预偏量之差不得大于3cm。当主索鞍顶推到指定位置后,拧紧拉杆螺母,千斤顶回油松顶。

图9.3-3所示为主索鞍千斤顶放置位置示意图。

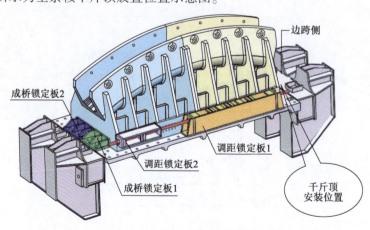

图 9.3-3 主索鞍千斤顶放置位置示意图

# 第 10 章 施工过程控制

## 10.1 自锚式悬索桥斜拉-悬索体系转换施工控制要点

(1)先斜拉、后悬索施工及体系转换,存在着吊索加载与斜拉索卸载的耦合关系,以及主缆的几何非线性、加劲梁和索塔的梁柱效应非线性、鞍座滑移等几何非线性因素的影响。吊杆张拉过程中,同号吊索上下游索力终值误差应不大于1%,同号上下游吊索应对称分级同步张拉,任何时刻各千斤顶同步力之差不得大于500kN。主索鞍顶推过程中,禁止超顶,同一主塔上的主索鞍应同步顶推,任何状态下预偏量之差不得大于3cm。

(2)斜拉与悬索体系转换施工过程中主塔、临时塔、斜拉索、悬索进行合理的控制是使桥梁施工结果与设计要求结果相接近的重要保障。实施有效的施工控制是大跨径悬索桥成功施工的关键,所以施工监控、监测是斜拉-悬索体系转换的控制要点。

## 10.2 临时斜拉结构施工过程控制

本桥临时斜拉结构钢箱梁的高程直接关系到成桥后的桥面线形,因此必须对其进行控制。该主桥钢箱梁是按照设计要求的竖曲线进行顶推施工,即顶推完成后的主梁在无应力状态下应与其设计线形保持一致。然而实际顶推出去的梁段在自重作用下,其末端梁节段会产生转动。另外,支承在滑道下的临时墩钢管可能发生压缩变形,将使得末端梁段的尾端点不再位于理论的竖曲线上,这就要求在钢箱梁顶推过程中进行较好的线形控制,及时修正由温度、钢箱梁制作、临时墩钢管压缩变形、梁段末段转角等所引起的各项误差,从而确保钢箱梁顶推线形满足设计要求。

本桥是通过调整顶推平台上待安装梁段的无应力线形,并结合已安装梁段的线形误差分布趋势,来控制钢箱梁高程的。由于钢箱梁单元的无应力长度和无应力曲率只能在结构单元安装时设定和调整,结构单元的无应力状态不会随结构体系、结构外荷载的变化而变化,这种特性为钢箱梁安装定位时的高程控制提供了极大的方便。

顶推过程中由于末端梁节段的尾端节点不一定准确落在理论竖曲线上,因此其转角不能满足理论竖曲线的切线要求,为了保证后续各待安装节段的竖曲线满足设计曲率要求,可以对新安装梁段所在的局部理论竖曲线进行刚体转动和刚体平动,使得待安装梁段与前端梁段间的夹角与设计线形一致(即无应力线形与设计线形一致的原则),同时结合已拼焊顶推出去梁段的线形误差情况进行调整,保证线形误差不向同一方向积累,最终即可得到合理的钢箱梁定位高程。

### 10.2.1 控制内容

1）轴线控制

在钢箱梁顶推过程中，包括钢箱梁两侧顶推不同步在内的多种因素可能会造成桥梁轴线偏离理论位置，影响桥梁的水平线形。因此，为了控制钢箱梁在顶推过程中的轴线始终处于规定范围，导向纠偏十分重要。

首先，施工过程中要保证顶推同步，顶推千斤顶施力分辨率要高，以保证各墩及墩两侧顶推点上施力大小一致；顶推过程中要对桥梁轴线偏位进行实时观测，如发现有过大偏差，可通过调整临时墩墩顶两侧千斤顶的出力大小来进行纠偏。其次，在钢箱梁定位安装时，还要对钢箱梁的轴线偏位进行观测，控制每段梁尾端与待安装梁段间的局部轴线偏差以及钢箱梁的整体线形，保证其轴线偏位在容许范围之内。

2）应力控制

桥梁结构在施工过程中以及在成桥状态的受力情况是否与设计相符合是施工控制要明确的重要问题。通常通过结构应力的监测来了解实际应力状态，若发现实际应力状态与理论应力状态的差值超限就要进行原因查找和调控，使之在允许范围内变化。结构应力控制的好坏不像变形控制那样易于发现，若应力控制不力将会对结构造成危害，严重者将发生结构破坏。所以，它比变形控制显得更加重要。必须对结构应力实施严格监控，对应力控制的项目和程度需根据实际情况来确定，通常包括：

(1) 自重作用下的应力；

(2) 施工荷载作用下的应力（实际应力与设计应力相差宜控制在±5%左右）；

(3) 温度应力，特别是大体积基础、墩柱等；

(4) 其他应力，如基础变位、风荷载、雪荷载等引起的结构应力；

(5) 施工中用到的对桥梁施工安全有直接影响的支架、挂篮、缆索吊装系统的应力在安全范围内。

3）稳定控制

桥梁结构的稳定性关系到桥梁结构的安全，它与桥梁的强度有着同等的甚至更重要的意义。世界上曾经有过不少桥梁在施工过程中由于失稳而导致全桥破坏的例子，最典型的为加拿大的Quebec桥，该桥在施工中由于悬臂端下弦杆的腹板屈曲而发生突然崩塌坠落。我国四川州河大桥也因悬臂体系的主梁在吊装主跨中段时承受过大的轴力而失稳破坏。因此，桥梁施工过程中不仅要严格控制变形和应力，而且要严格地控制施工各阶段结构构件的局部和整体稳定。

目前，桥梁的稳定性已引起人们的重视，但人们只注重桥梁的稳定计算，对施工过程中可能出现的失稳现象还没有可靠的监测手段，尤其是随着桥梁跨径的增大，受动荷载和突发情况的影响，还没有快速反应系统，所以很难保证桥梁施工安全，更难保证运营时的安全。为此，应建立一套全面监控系统，对桥梁进行终身监控，确保桥梁安全施工、安全运营。

4）温度控制

在桥梁施工控制中，温度的影响是不可忽视的，尤其是钢箱梁，温度变化直接影响到结构的变形和内力。一般而言，温度影响分为两类，一类是季节温差，一类是昼夜温差。在施工阶段,昼夜温差的变化对钢箱梁高程的影响是很大的,为了减小昼夜温差对结构的影响,施工控制中一般通过选择合适的温度测量和最终调整立模高程。具体操作时,应对主梁温度场随时间变化的规律进行统计分析,合理确定梁段匹配、安装时间。

### 10.2.2 施工现场控制

本桥的部分钢箱梁节段将采用顶推法施工,根据理论分析以往桥梁施工控制经验,顶推过程中最不利工况下钢箱梁在临时墩处所受的支反力较大,如果不对顶推滑道采取相应措施,则滑道与钢箱梁不能均匀接触,钢箱梁可能出现局部应力超过屈服强度而破坏或者引起横隔板、中腹板失稳。建议在轨道梁下方设置足够厚度的橡胶垫块,改变梁体转角位移,以保证钢箱梁与滑道尽量地均匀接触。

钢箱梁顶推过程中主要监控工作内容有:

(1)顶推过程中箱梁、导梁挠度的监测;
(2)顶推过程中箱梁、导梁的水平位移监测;
(3)顶推过程中箱梁、导梁、墩柱关键截面应力监测;
(4)顶推过程中临时墩竖向、纵向位移和支反力的监测;
(5)顶推过程中顶推力大小的监测;
(6)温度的监测。

1)钢箱梁、导梁高程监测

高程监测的目的主要是获取顶推施工中已形成结构的实际线形状态,它对施工控制、预报非常关键。

(1)测点布置

根据现场情况,考虑要满足高度要求且按照就近原则,高程控制基准点设在永久墩上,由水准基点引测其高程。为防止点位移动或破坏,要定期对高程基准点进行复核。主梁高程观测点距拼接焊缝1.0m处以及桥梁中间位置、距桥梁两端0.5m位置,具体测点布置如图10.2-1所示。

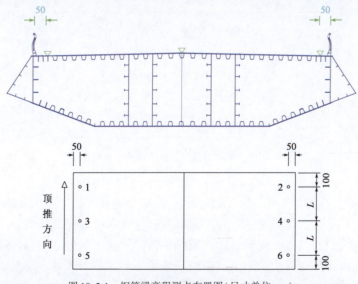

图10.2-1 钢箱梁高程测点布置图(尺寸单位:cm)

(2)测量方法

钢箱梁高程的测量采用水准仪进行。当钢箱梁吊装到位后,现场测量人员要测量钢箱梁各个梁段的测点高程,高程误差要控制在±10mm之内,如若发现超限,要通过顶推平台、临时墩墩顶支承处的竖向千斤顶进行调整,直至将高程误差控制在规定范围之内。

(3)测量时间

每一阶段钢箱梁顶推完成后、新安装梁段定位前均要进行钢箱梁高程的测量。同时为了尽量减小温度的影响,高程测量时间一般安排在大气温度比较均匀的时段进行,通常为凌晨3:00~6:00。

2)钢箱梁、导梁轴线偏位监测

为了保证钢箱梁顶推和吊装过程中走向的正确性,使钢箱梁在整个施工过程中横向偏位≤1cm,必须对钢箱梁的轴线偏位进行控制。考虑到现场结构物的实际位置情况以及操作的复杂程度,对钢箱梁的中心线进行直接控制,这样在一定程度上降低了操作的复杂程度,同时提高了测量控制的精度。

(1)测点布置

根据现场的实际情况,在导梁顶面,钢箱梁顶板中线、距拼接焊缝1.0m处固定一个小棱镜,分别在顶推前、顶推中、顶推就位后采用全站仪观测小棱镜,根据观测的小棱镜位置推断钢箱梁及导梁的横向位移偏差。在钢箱梁的整个安装过程中,提醒现场所有相关人员对其进行保护,以减少监测控制的误差。具体测点布置如图10.2-2所示。

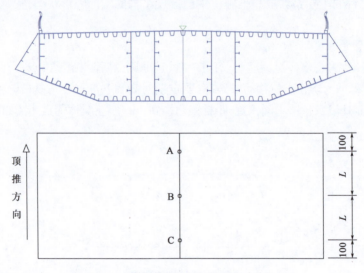

图10.2-2 钢箱梁轴线测点布置图(尺寸单位:cm)

(2)观测方法

对于钢箱梁的轴线测量工作,为了方便测量,先后分别在岸边架立好观测平台,在观测平台上预设控制点,以这两点所确定的直线作为钢箱梁安装定位的理论轴线。

在钢箱梁推进过程中,观测人员要始终监控钢箱梁的横向偏移,根据具体情况对顶推操作进行调整,始终保证顶推过程中钢箱梁的横桥向偏位不超出设计要求的范围。尤其是导梁顶推至临时墩前这一阶段,此阶段为整个钢箱梁轴线控制的重中之重,关系着后续施工中钢箱横向偏位是否能控制到满足设计要求。

根据本工程主梁施工的主要阶段分别采用不同的位置进行监测：

①钢箱梁吊装拼接过程中，在工作平台上架立后视镜，同时在观测平台上架立全站仪。全站仪对中整平后，照准后视镜确定出钢箱梁的理论轴线，在钢箱梁预设的控制点上立标杆，并移动标杆使得观测点、标杆、后视点三点重合，然后用卷尺测量标杆所在位置与钢箱梁上预设轴线控制点间的距离，即为钢箱梁的轴线偏位。

②钢箱梁顶推施工中，在工作平台上架立后视镜，同时在观测平台上架立全站仪。全站仪对中整平后，照准后视镜确定出钢箱梁的理论轴线，在顶推过程中，通过监测轴线以及导梁上棱镜的坐标确定主梁的偏差程度。本阶段钢箱梁轴线的观测方法如图10.2-3所示。

③全部钢梁到位以后，在拆除临时墩进行体系转化前、后，对全桥轴线测点进行通测。

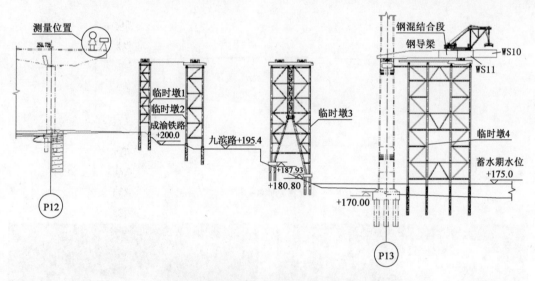

图10.2-3 顶推施工轴线监测示意图（尺寸单位：cm）

（3）观测时间

由于钢箱梁的线形以及测试仪器的精度对温度变化和日照较敏感，所以，测量时间应选在日出之前温度较恒定的时段内进行。

顶推到最后梁段时要特别注意梁段是否到达设计位置，须在温度稳定的夜间顶推到最终位置，并根据温度仔细计算测定梁长。最后一次顶推时应采用小行程点动，以便纠偏及纵移到位。

3）钢箱梁、导梁、墩柱应力监测

结构截面的应力监测是施工监测的主要内容之一，它是施工过程的安全预警系统。钢箱梁顶推过程中结构某指定点的应力也同其几何位置一样，随着梁段的推进，不仅其值是不断变化的，其应力属性（拉、压）也在不断变化。在某一时刻的应力值是否与分析值一样，是否处于安全范围是施工控制关心的问题，解决的办法就是进行监测。一旦监测发现异常情况，应立即停止施工，查找原因并及时进行处理。

（1）测试方法

测试元件选用长沙金码高科技实业有限公司生产的 JMZX-215 型智能弦式数码应变计，

它是一种表贴式应变计,由安装座、应变计、保护罩组成。适用于各种钢结构和混凝土结构表面应变测量。将安装座焊接在钢结构表面,适应长期监测和自动化测量。采用 JMZX-3001 综合测试仪读取测量数据。综合测试仪是一种便携式智能型多功能检测仪,配合各种振弦传感器使用,可直接测量构件的应力、应变、压力、位移、温度等物理量。

(2)测点布置

钢箱梁顶推施工过程中的应力变化幅度较大,为了随时了解主梁施工过程中结构应力的变化,确保主梁施工过程的安全,在多个控制断面布设应变测点。

为了对钢箱梁在顶推阶段进行应力(应变)监控,主跨跨中位置布置一应力监测断面,同时在前导梁接触临时墩瞬间,钢梁位于临时墩的悬臂断面根部布设一应力断面,根据计算结果选取受力不利工况进行监测。每幅桥共布设应力测点 25 个。应力测点布置如图 10.2-4、图 10.2-5 所示。

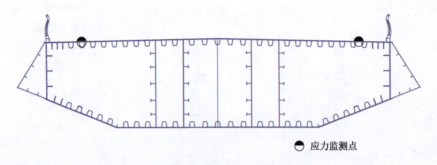

图 10.2-4 主梁典型断面应力测点布置示意图

图 10.2-5 导梁应力监测

所有应变测试元件均在该节段位于拼装平台上焊接时安装,施工单位应采取必要措施保护好测试元件。

临时墩的测点主要布置在临时墩根部,靠近主塔根部横桥向每个钢管柱安装 1 支振弦式应变传感器,用于施工过程临时墩的应变测试,东西两侧顶推支架共布置传感器 64 支。临时墩应力测点布置如图 10.2-6 所示。

图 10.2-6　临时墩应力测点布置

(3)测试时间

每一阶段顶推施工完成后,都要对钢箱梁应力进行测试,以及时了解主梁各工况下各控制断面的应力变化情况,从而指导施工。

4)临时墩墩顶位移和支反力的监测

钢箱梁顶推过程中应对最不利的一个或多个临时墩墩顶水平位移进行观测,如果出现墩顶水平位移超限的情况也将查找原因,研究对策。

钢箱梁在顶推过程中,临时墩墩顶的反力会随着梁段悬臂长度的变化而变化。因此,在钢箱梁顶推过程中,必须实施监测各个临时墩的反力。与应力监测一样,它同样是施工过程的安全预警系统,一旦其出现异常情况,应立即停止施工,查找原因并及时进行处理。临时墩支反力的监测采用支承在各个临时墩墩顶的压力传感器读取,在钢箱梁顶推施工中以及梁段定位完毕、顶推之前,均要对临时墩的支反力进行监测,以确保主梁和临时墩本身的受力安全。

东西两侧共布置临时墩位移监测点 20 个。

5)钢箱梁温度场监测

钢箱梁顶推施工过程中,对温度的敏感性较大,温度变化时,主梁可能产生较大的变形,此变形可能对主梁受力产生影响,所以,要对施工现场温度以及钢箱梁梁体温度作实时监测,判断其是否对施工产生不利影响。若存在较大影响,则应对钢箱梁的定位时间作必要调整。

(1)测试方法

本桥对于钢箱梁温度的测试采用温度传感器,大气温度采用水银温度计进行测试。

(2)测点布置

温度测试断面选取 2 个断面,共 20 个测点,分布于钢箱梁顶、底板及纵隔板处。

(3)测试时间

钢箱梁温度的测试要与主梁高程、应力等的测试相结合,在每阶段顶推施工完成后,钢箱梁定位高程、应变测试的同时,要对钢箱梁的温度进行观测。由于钢箱主梁线型受温度影响较大,因此,考察大气温度对主梁线形的影响是非常必要的。

在主梁施工期间,要选定几个工况,对主梁高程进行 24 小时连续测量,找出大气温度及钢箱梁顶、底板温差的变化对主梁线形的影响规律。温度的测试是为了确定钢箱梁的合理定位时间,尽量使所有梁段在同样的温度条件下定位、焊接,这样才能使待焊接的钢箱梁与前端梁段保持线形的平顺。

本桥温度测点在全桥体系转化完成后通测一次。

6) 钢箱梁拼装焊接和顶推过程中的线形控制

根据设计图纸,钢箱梁制造无应力线形需考虑预拱度。导梁到达前,各临时墩的高程都要实现调整到位。

钢箱梁拼装及顶推时,其无应力制作线形的质量保障主要从以下6个方面进行:

(1) 以高程控制(确保无应力线形)为主,兼顾焊缝宽度控制。

(2) 高程及里程测量点的确定。以每段梁的内、中、外腹板和前后横隔板交点处为高程测点,里程点在梁段中轴线上。

(3) 以游标卡尺、水准仪和全站仪为测量工具。

(4) 测量工况为每一轮顶推前与顶推到位后。

(5) 严格控制钢箱梁组装平台上的拼装精度。每节梁段的高程、相邻梁段高程误差和焊缝宽度误差都要在允许的误差限之内,梁段轴线偏差和相邻梁段的轴线偏差也应严格控制。

(6) 严格控制垫梁顶中线的高程,及时对垫梁顶面高程进行调整。由于钢箱梁预拱曲线斜率不断变化,由此带来临时墩处梁的转角将不断变化。为了保证垫梁与钢箱梁的均匀接触,要及时检查垫梁上设置的抄垫的变形情况,如发现变形过大或者出现破坏迹象要马上停止施工,采取必要措施进行处理。

钢箱梁顶推施工过程中,梁的线形控制非常重要,应进行密切观测。钢箱梁的横向线形控制主要通过横向限位器控制,竖向线形控制主要通过滑道顶高程控制。

7) 施工监控技术参数的控制标准

(1) 顶推过程中墩顶位置处中腹板的应力不得超过设计值。

(2) 每一节梁段拼装就位(梁段焊接前)梁底高程误差应控制在设计要求以内,相邻梁段接头之间的梁底高程误差应控制在1mm以内,全桥顶推到位后梁底高程误差应控制在2mm以内。

(3) 梁段拼装就位(梁段焊接前)梁段轴线偏差和相邻梁段的轴线偏差也应严格控制,梁的轴线偏差容许值为5mm,极限值为10mm;相邻梁段的轴线偏差容许值为2mm,极限值为3mm。

(4) 焊缝间隙(梁段之间接头的宽度)应控制在设计要求的范围内。

(5) 顶推前进过程中梁的轴线偏位容许值为20mm;极限值为40mm;每一轮顶推阶段结束后(即拼装后续的钢箱梁前)梁的轴线偏位容许值为5mm,极限值为10mm;顶推到位后钢箱梁中线偏位应符合规范和设计要求(2mm)。

(6) 临时墩(含挑臂横梁)高程调整结束时,滑道中心处梁底高程误差容许值为2mm,极限值为3mm。

如果出现超过上述偏差的情况,则必须立即停止施工,查找原因,研究对策。

## 10.3 悬索结构施工过程控制

施工监控是随施工过程逐渐实现的。主要内容是校核主要的设计数据,结合施工过程形成结构计算分析、监测及反馈控制系统,从而正确指导施工。

通过监控计算提供施工阶段各理想状态线形及内力数据,对施工各状态控制数据实测值与理论值进行比较分析,进行结构设计参数识别与调整,对施工各阶段和成桥状态进行预测与反馈控制分析,给施工过程提供决策性技术依据。对结构线形及内力(应力)进行监测,防止施工中出现过大位移和应力,确保施工朝预定目标顺利进行。

鹅公岩轨道大桥作为自锚式悬索桥,根据桥梁结构和施工方案的特点,主要需在以下环节进行施工监控。

### 10.3.1 主塔施工

鹅公岩轨道大桥主塔施工包括混凝土主塔施工和临时钢塔施工。

混凝土塔柱内模采用常规翻模施工,塔柱外模采用液压自爬模系统爬模施工;横梁采用支架现浇方式施工。

主塔施工时应考虑主塔自身后期弹性压缩、徐变收缩、后期荷载对主塔高程及垂直度的影响等因素,设置一定的预抛高和预偏。

### 10.3.2 索鞍安装

鹅公岩轨道大桥索鞍包括主索鞍和散索鞍。

主索鞍安装时应考虑塔柱后期弹性压缩、徐变收缩等因素,设置一定的预抬高。并在顺桥向设置一定的预偏位,以减少中跨与边跨的主缆拉力差,避免吊索张拉过程中塔柱承受过大水平力,并确保主缆在鞍座中的稳定。

散索鞍安装时应考虑主梁后期弹性压缩、徐变收缩等因素,以及主缆线形改变对散索鞍位置的影响,需沿主缆轴向设置一定的预偏。

主索鞍的安装精度对索股的架设精度有一定的影响。需精确控制其顺桥向和横桥向的绝对位置并记录与混凝土结构的相对位置。

### 10.3.3 主缆架设

鹅公岩轨道大桥主缆架设监控的前提是主缆制造长度的精确确定,在确定主缆索股下料长度和空缆线形前必须进行大量的钢丝弹性模量试验、线径测量、温度常数试验等,并进行统计分析,作为理论计算的依据。索股下料制作时必须进行精确的温度修正。

主缆架设首先是定位基准索股,需要进行连续几天的时间-温度-线形变化测量。在其线形满足监控要求后,以此为基准进行一般索股的架设,同时监控基准索股,其他索股的线形比照基准索股线形按若即若离的原则架设。主缆基准索股架设的监控点包括:主跨8分点、边跨4分点、塔顶、散索套处。测量应在气温稳定、风速较小时进行。主缆线形受温度影响大,基准索股架设过程中的主缆线形测量都需要结合温度场测试进行。温度测点布置应能充分反映主缆全桥范围内温度的变化,温度测试分辨精度应在0.1℃之内。

一般索股架设过程中需要对基准索股和一般索股的绝对高程进行多次复核测量,以便检查索股的架设精度和基准索的有效性。当主缆索股数量较多时,为确保架设精度,需要启动第二根基准索或第三根基准索。

索股锚跨拉力也是一项重要的控制内容,如果控制不当,可能会使索股在鞍槽内滑动。锚跨索股拉力的控制应以千斤顶张拉为主,结合频率法测试进行阶段性检查。

主缆作为最关键的传力构件,它的应力发展水平和状态将直接影响到桥梁的安全和使用寿命。为了解主缆在钢箱梁吊装、体系转换及桥面系铺装期间的应力状态,应全过程通过设在主缆上的线形观测点,测量主缆的线形变化情况,使主缆处于良好的受控状态。

缆索股架设关键控制点:

1)主缆牵引控制点

(1)牵引过程中应对索股施加反拉力。

(2)牵引最初几根时,应低速牵引,检查牵引系统运转情况,对关键部位进行调整后方能转入正常驾驶工作。

(3)牵引过程中发现帮扎带连续两处切断时,应停机进行修补。监视索股中的着色丝,一旦发生扭转,必须采用措施加以纠正。

(4)索股两端的锚头引入锚固系统前,必须将索股埋顺,对鼓丝段进行梳理。

(5)索股横移时,必须将索股从猫道滚筒上提起,确认全跨径的索股已离开猫道滚筒后,才能横向移到索鞍的正上方。横移时拽拉量不宜过大,索股下方不得有人。

2)索股线性调整控制点

(1)垂度调整应在夜间温度稳定时进行。温度稳定的条件为:长度方向索股的温差不大于2℃;横截面索股的温差不大于1℃。

(2)绝对垂度调整,应测定基准索股下缘的高程及跨长、塔顶高程及变位、主索鞍预偏量、散索鞍预偏量。主缆垂度和高程的调整量,应在气温与索股温度等值后经计算确定。基准索股高程必须连续3d在夜间温度稳定时进行测量,3次测出结果误差在容许范围内时,应取3次的平均值作为该基准索股的高程。

(3)垂度调整允许误差,基准索股中跨跨中为±1/20000跨径;边跨跨中为中跨跨中的2倍;上下游基准索股高差10mm;一般索股(相对于基准索股)为-5mm、10mm。

### 10.3.4 索夹位置

索夹的定位是悬索桥施工中相当重要的一环。索夹的位置准确与否将影响到结构的受力状态。因此,在施工过程中必须精确地放样出各个索夹的位置,以确保索夹位置满足设计要求。

主缆紧缆完成后,需要实测出的主缆线形、温度场、主索鞍间的实际距离、钢箱梁吊索索套管实际位置作为索夹位置计算的初始数据,用于计算索夹坐标的放样参数。放样数据包括吊索中心线与主缆天顶线交点的坐标,以及吊索中心线与主缆天顶线交点到索夹两端的距离或索夹的倾斜角度。

索夹定位完成后,需要检查索夹的相对位置和索夹各节段的对称性。

### 10.3.5 吊索张拉及调整

由于自锚式悬索桥在荷载的作用下呈现出明显的几何非线性,因此吊索的张拉是一个复杂的过程。主缆相对于主梁而言刚度很小,如果吊索一次直接张拉到位,无论是张拉设备的行程或者张拉力都很难控制,全桥吊索同时张拉调整在经济上也不可行。为了解决这个问题,必须根据主梁和主缆的刚度、自重采用计算机模拟的办法,得出最佳加载程序,并在施工过程中,通过千斤顶的油表读数和频谱法测出的索力值互相检验,确保每一阶段每一根吊索的索力及时准确,为吊索张拉调整方案的制定提供数据支持。采用频谱法对吊索索力进行监测,应考虑到主缆的刚度影响,适当修正索力计算参数。

在吊索安装张拉施工过程中,结构体系由斜拉桥逐步转化为悬索桥,主梁轴向压力逐步增大,压缩变形不可忽略。边墩顶的主梁会向跨中滑动,由于摩擦力的影响,桥墩承受水平拉力,对其稳定和安全不利。在体系转化过程中,应对墩顶水平偏位加以监测,一旦墩顶位移超出规范容许值,立即停止施工,并查明原因。

### 10.3.6 鞍座顶推调整

在吊索张拉及桥面加载过程中,鞍座两侧主缆内力产生偏差,塔顶与鞍座一起发生位移,结构有可能产生危险。因此在施工过程中,应即时监测各关键部位的应力与变形,并根据监测结果和计算分析,进行鞍座顶推,缩小鞍座两侧的索力差,减小塔顶水平力,确保结构安全。

监控内容还应包括相关参数的初始识别和过程中的调整。

## 10.4 施工过程控制计算

鹅公岩轨道大桥的监控计算就是利用建立的监控计算体系对施工过程中每一阶段结构的应力和位移状态以及施工监控参数进行计算。在监控计算中应考虑施工误差、实际安装梁段重量误差、材料属性差异等因素的影响,根据监控计算的结果为各施工节段提供施工监控目标值(主梁及主缆安装线形、鞍座预偏量及索力),保证节段施工的顺利进行,保证结构最终达到或接近设计要求的成桥状态。

### 10.4.1 施工控制计算内容

计算内容包括设计参数确定,各施工阶段的索力(斜拉索、主缆及吊索)、应力及挠度,后续施工的控制预报。

1)设计参数的确定

在本桥施工监控中,对于设计参数误差的识别就是通过量测施工过程中实际结构的行为,分析结构的实际状态与理想状态的偏差,用误差分析理论来确定或识别引起这种偏差的主要设计参数,经过修正设计参数,来达到控制桥梁结构的实际状态与理想状态的偏差的目的。

2)各施工阶段的索力、应力及挠度

监测只能得到某些控制断面的测量数据,控制断面的监测结果与计算结果一致,则可认为计算能反映实际结构。否则,应进行分析与判断,确定相差的原因,如是计算的原因,则应修改计算模型或调整计算参数重新计算。

3）后续施工的控制预报

实际的施工状态与设计的施工状态是有差别的，已施工的阶段可能会与所要求的状态有一定差别。这时，需要建立具有反馈控制的实时跟踪分析系统，既使得误差不至于积累，又使得最终的成桥状态与理想设计状态的差别最小，也需要采用最优控制理论对后续的施工阶段的预计值作出调整。

### 10.4.2 施工控制计算过程

施工监控计算分三步进行：第一步，成桥状态的计算复核，成桥运营阶段整体静力分析；第二步，计算无应力状态，计算出鞍座预偏量，主缆、吊索的无应力长度和索夹安装定位位置；第三步，计算每一施工阶段主梁、主缆线形及各结构部分内力、位移，提供优化后的吊索张拉调整方案及索鞍顶推方案。

1）成桥状态的计算复核

成桥状态是施工监控计算的初始状态，也是结构的目标状态，由于悬索桥的监控计算必须进行非线性分析。这一部分包括施工过程静力计算和成桥营运阶段整体静力计算。

本桥结构复杂，施工过程中结构体系不断变化，同时受到临时荷载、温度、混凝土收缩徐变等因素影响，施工过程中结构的受力状态直接影响成桥结构内力状态，因此应该通过对结构成桥内力状态、施工架设过程模拟来实现，通过施工架设整体仿真静力分析，亦可对整个结构施工过程内力状态有一个全面深入的了解。

桥梁结构在运营阶段要承受各种荷载的作用，结构在运营过程中是否安全是一个十分重要的问题。对最不利荷载工况进行空间分析，进一步了解最不利荷载作用下结构的内力状态，具体了解结构的安全性。

2）无应力长度计算

根据设计成桥状态作为计算的初始状态，计算出主缆、吊索的无应力长度、钢梁无应力长度及理论制造线形、桥塔预抛高的量、尾端混凝土锚固梁段立模的水平预偏量及竖向预抛量。

3）主塔建造过程的结构分析

通过正装计算确定主塔的预抛高和预偏。为了保障主塔建造与运营全过程中受力合理，过程中还应控制主塔两塔肢的横向间距；控制主动横撑的安装时机，并提供撑力大小；明确横梁预应力的张拉时机；明确横梁支架的拆除时机。

4）斜拉桥成桥过程的结构分析

通过正装迭代法计算斜拉桥成桥过程，提供优化后的临时斜拉索安装方案和最优的斜拉索索力调整方案，复核支架反力，确保结构施工过程安全，使得施工最大限度达到斜拉桥的成桥目标状态。计算提供的计算结果包括：

（1）支架反力复核；

（2）临时斜拉索索长复核；

（3）斜拉索张拉（含索力调整）方案；

（4）各施工阶段斜拉索的控制索力计算；

（5）各施工阶段主梁安装高程、内力和线形（竖向位移、水平位移、转角）计算；

(6)各施工阶段主塔内力和塔顶偏位计算。

5)空缆线形、鞍座预偏量设置和索夹定位

根据设计的成桥状态计算空缆状态,提供主缆的空缆线形,包括空缆锚固端张力、空缆各点高程、鞍座(含散索套)预偏量、索夹的位置。

6)体系转换过程的结构分析

按照主缆丝股的实际弹性模量、塔顶高程和设计最终确定的结构自重,通过正装迭代法计算施工过程,提供优化后的吊索张拉、斜拉索拆除、吊索索力调整方案和最优的体系转换方案,确保结构施工过程安全,使得施工最大限度达到设计的目标状态。计算结果包括:

(1)鞍座预偏值、顶推量和顶推力计算,并计算在此预偏量下由于温度变化在索鞍处的索力差以及温度对塔顶位移的影响;

(2)散索套的预偏量;

(3)吊索张拉(含索力调整)方案;

(4)各施工阶段吊索的伸长量和控制张力计算;

(5)各施工阶段主缆轴力和线形计算;

(6)各施工阶段临时拉索索力计算;

(7)各施工阶段主梁内力和线形计算;

(8)各施工阶段主塔内力和塔顶偏位计算。

施工阶段的结构分析计算的目的是制定合理的吊索张拉和索力调整方案,在保证安全的前提下减小施工难度。

7)桥面二期施工过程的结构分析

为满足线路专业对轨道成桥线形的要求,轨道结构高度将根据主梁实测线形相应调整,由此带来的荷载变化又将引起主梁的附加变形。

为解决这一问题,确保轨道成桥线形趋于完美,首先通过监控计算理论轨道结构荷载引起的主梁变形并预测成桥主梁线形,线路专业根据预测的成桥主梁线形进行拉坡设计,拟合轨道线形,轨道结构专业根据轨道线形和桥梁线形调整轨道结构荷载。监控再根据调整后的荷载状况重新计算成桥主梁线形,重复以上过程,直至线路专业认为桥梁线形满足轨道要求。

## 10.5 施工监控测量

### 10.5.1 几何测量

几何测量包括钢箱梁线形测量、索鞍几何位置测量、主缆安装线形测量、索夹安装位置测量等。

几何测量需要施工单位、监理单位、监控单位共同参与,由于测量基准点、测量时机的限制,三方不可能同时展开工作。因此几何测量工作以施工单位为主,监理和监控共同参与进行。

根据设计要求,高程和平面位置的精度均不低于±3mm。

1)主塔几何测量

主塔是整座桥梁的承载部位,通过拉索的联系,承担桥梁全部的静、动荷载。在整个监控过程中主塔的几何测量内容有：

(1) 塔柱监测；

(2) 横梁监测；

(3) 塔顶偏位监测；

(4) 主塔（成塔后）地面轴线测量。

主塔的精度要求见表 10.5-1。

主塔的精度要求　　　　　　　　　　　　　表 10.5-1

| 项　目 | 规定值或允许偏差(mm) |
| --- | --- |
| 塔柱底水平偏位 | 10 |
| 倾斜度 | 设计规定,设计无规定时按塔高的 1/3000,且不大于 30 |
| 横梁高程 | ±10 |
| 索鞍底板面高程 | +10,0 |

2) 主索鞍、散索套几何测量

主索鞍、散索套几何测量主要内容为：监测空缆状态下主索鞍位置，测试索鞍座中心顶面高程，监测索鞍在施工过程中的顶推方案。

在主塔鞍座安装前在每个塔柱顶部设置一个控制点。将塔顶控制点与控制网控制点用 GNSS 静态解析进行联接测量，再通过精密三角高程方法将高程传递至顶部控制点。最后对塔顶四个点进行联测，以检校四点之间的相对精度，确保主索鞍鞍座在投影面上的安装平面位置满足设计及规范要求。

主塔鞍座安装时在塔顶将主缆中心线、塔柱里程中心放样至混凝土面。确保各塔柱间中心线横桥向间距和顺桥向间距。然后再通过千斤顶微调鞍座在塔顶的位置，达到索鞍底板轴线与塔顶放样中心对齐的目标。

散索套安装前在支架上先将空间十字线投影至散索套底板，并用冲钉做好标识。吊装散索套至设计位置后，使其十字线在误差允许范围内对齐设计位置十字线。由于散索套底板与地面存在倾角，灌浆固定过程中须对索鞍的位置进行监测，看其是否有移动或支架沉降情况，如发现位移则马上用千斤顶进行微调，保证索鞍安装精度符合设计及规范要求。

3) 主缆各施工阶段线形测量

主缆为主要承重结构，需对主缆结构设计参数与架设进行监测、监控，主缆架设过程中线形测点布置 34 个，分别在边跨 4 分点、主跨 8 分点、塔顶和散索套处。点位布设及点号（以上游面为例）如图 10.5-1 所示。

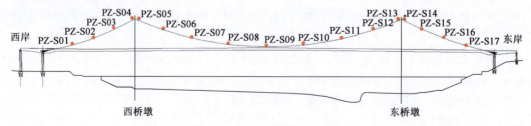

图 10.5-1　主缆线形监测点布设图

基准索的测量与调整,是悬索桥主缆架设中最关键的一环。由于塔柱的压缩及偏位,基线索股的安装线形与主缆的空缆线形有一定差别。同时由于跨径大,温度的变化对索股的线形有较大影响。测量时,先进行环境温度及索温测量,确保在环境温度及索温基本恒定的情况下进行测量,并记录测量时的索温,作为测量结果与计算结果对比时的修正参数。采用TM30全站仪对布设的38个测量点进行三维坐标测量,同时对索夹位置进行测量。

一般索股采用控制与基准索股相对高差的办法架设。测量选取夜间温度稳定且风力较小的时段进行。一般索股架设过程中,应每隔一层或两层,对一般索股和基准索股的绝对高程进行阶段性测量,测量方法与基准索股测量基本相同。通过阶段性测量,一方面检查索股架设线形的绝对偏差,另一方面还可以检查基准索股的有效性。当实测基准索股与理论值存在较大偏差时,启动第二根或第三根基准索,以替代基准索股作为后期索股架设的依据。

成缆后各施工阶段主缆线形测量的方法与基准索股的绝对垂度测量方法相同,其测量结果作为相应阶段的施工实测值与监控计算结果进行对比。成桥后主缆的线形测量结果作为竣工后主缆线形的测量档案。

4)钢箱梁线形测量

钢箱梁线形测量包括钢箱梁高程测量和钢箱梁中线测量两部分内容。

钢箱梁高程测量是将高程控制基准点设在岸上或塔柱上,采用三角高程的方法测量钢箱梁各吊点高程。为防止基准点位移动或破坏,应采取保护措施并不定期对高程基准点进行复核。每个钢箱梁节段设1个高程测试断面,每个断面拟设上游、下游两个测点。

钢箱梁中线测量是根据设计参数计算中线坐标,在梁上放样出2个中线点并做好标志,与已架设梁段的中线标志进行比较,测量其偏角。每架设一个节段,需对已架设好的连续的若干节段进行测量。

在梁段吊装施工中、钢箱梁安装完毕、吊索张拉阶段、钢箱梁落架完毕及成桥状态下进行高程和中线偏位测量。

钢箱梁的安装精度见表10.5-2。

钢箱梁的安装精度  表10.5-2

| 项　　目 | | 规定值或允许偏差(mm) |
|---|---|---|
| 相邻节段匹配高差 | | 2 |
| 全长 | 分段累加总长 | ±20 |
| | 分段长 | ±2 |

5)锚固段混凝土主梁线形测试

根据锚固段的受力特性,在锚固段混凝土主梁上布设平面监测点共12点,高程监测点共24点,采用极坐标方法进行三维坐标的测量。

6)临时塔柱线形测试

架设临时塔柱是为了临时斜拉索的安装,对其进行线性测试是在顶部4个角点埋设平面高程监测点,采用极坐标方法进行三维坐标的测量。

在斜拉索的安装过程中,对拉索的平面位置和高程进行测量。

7)引桥桥面线形监测

鹅公岩轨道大桥西岸引桥约480m,由13组桥墩组成,一共4联均为三跨连续梁。根据结构特点,在每一联的两端和中间布设平面和挠度共用监测点,共18点;对于东引桥,一共4跨,长约60m,在P16、P17和P20号墩上埋设平面和挠度共用监测点,共6点。平面采用极坐标法进行监测,挠度采用直接水准的方式进行测量。

### 10.5.2 应力测试

1)主塔应力测试

根据主塔的受力特性,在塔柱及横梁上布置8个应力测试断面,主塔应力测点72个。主塔测试断面、测点布置如图10.5-2所示。

在下列状态下对主塔应力进行测试:

(1)中塔柱施工前、上塔柱施工前、主塔封顶。

(2)需分别对塔底截面、中塔柱和上塔柱底截面进行应力监测,并根据塔柱应力状态,提出施工横撑的合理设置位置和顶推力大小。

(3)主梁安装过程中,根据需要进行抽测。

(4)主缆架设前、后。

(5)每次索鞍顶推前、后。

(6)吊索张拉完毕。

(7)临时斜拉索拆除后。

(8)成桥状态。

2)锚固段混凝土主梁应力测试

根据锚固段的受力特性,在锚固段混凝土主梁上布置5个应力测试断面,混凝土主梁应力测点共计80个。测试断面、测点布置如图10.5-3所示。

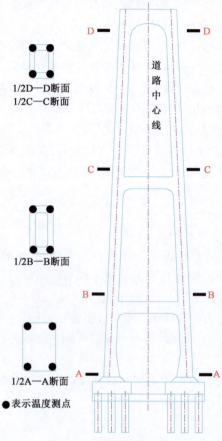

图10.5-2 主塔测试断面、测点布置

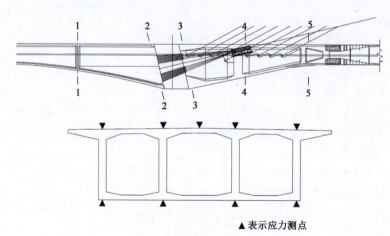

图10.5-3 锚固段混凝土主梁应力

在下列状态下对混凝土主梁应力进行测试：
(1) 锚跨支架拆除前、后；
(2) 吊索索力调整前、后；
(3) 成桥状态。

3) 钢箱梁应力测试

根据桥梁结构，在桥上共布设钢箱梁应力测试断面 11 条，分别位于主跨的 1/2、1/4、3/4 处，钢混结合段附近，边跨的 1/2 处以及主塔两侧。钢箱梁应力测点共计 55 个，断面及应力测点布置如图 10.5-4 所示。

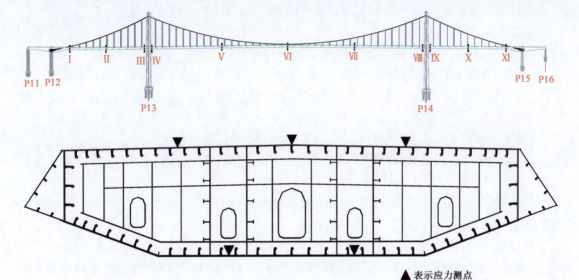

图 10.5-4　钢箱梁断面及应力测点布置

在下列状态下对钢箱梁进行应力测试：
(1) 钢箱梁安装（含斜拉索索力调整）过程中，根据需要进行抽测；
(2) 主缆丝股张拉完毕；
(3) 吊索张拉（含索力调整）过程中，根据需要进行抽测；
(4) 成桥状态。

4) 引桥混凝土箱梁应力测试

对于西引桥，一共 4 联均为三跨连续梁，根据受力特性，在每一联主梁上布置 3 个应力测试断面。对于东引桥，一共 4 跨，根据受力特性，布置 2 个应力测试断面。

应在下列状态下对引桥混凝土箱梁进行应力测试：
(1) 支架拆除前、后；
(2) 二期恒载施工前、后。

### 10.5.3　温度场测试

在大跨径悬索桥的主缆施工过程中，温度的改变会引发悬索桥结构几何形状的较大改变。

如主塔塔顶的高程与偏位,猫道承重索和主缆的垂度与线形等,这些参数均对温度变化相当敏感。另一方面,在外界环境(日照、风、雨等)变化时,温度场的分布也非常复杂,目前的理论分析手段还无法进行精确分析。因此,温度测量就显得尤为重要。在悬索桥主缆施工期间应根据当时当地的实际情况,严谨地制定出测温方案,合适地选择测温设备及测温时间,准确地测量出结构的实际温度,为后续的温效分析打好基础。

从悬索桥施工监控的角度来看,温度场测试的重要性和作用不亚于线形测量,其测试精度对施工精度有较大的影响,分辨率应小于0.1℃。

温度场的测试应包括临时拉索、主缆、吊索、钢箱梁及主塔等各部分。

结构温度稳定条件:结构相同高程处顺桥向温差 $\Delta T \leqslant \pm 2$℃,横桥向温差 $\Delta T \leqslant \pm 1$℃。

温度测试工况及时间为:

(1)钢箱梁架设前配合塔顶偏位测量,同时进行塔柱温度测量,建立塔顶偏位测量初始状态,确定温度对塔顶偏位的影响。

(2)钢箱梁安装过程中,测量主塔及临时拉索的温度状况,温度测量与相应节段的线形测量同步进行。

(3)基准索股安装及主缆安装阶段应测量主塔及主缆的温度状况。

(4)主缆架设完成后,在典型温差日,24小时测量主缆、临时拉索、主塔、主梁温度的变化情况,并同时测量主缆线形及塔顶偏位。

(5)成桥后再进行一次主缆、主塔、钢箱梁温度变化情况测量,并结合主缆、主塔及加劲梁线形观测。

斜拉索索力、吊索索力的准确与否直接关系到主梁线形、主缆线形,乃至施工安全。因此,在施工中必须确保吊索索力测试结果准确可靠。临时拉索、吊杆的索力测量精度在3%以上。

斜拉索和吊索的测试时机为:

(1)斜拉索张拉(含索力调整)过程中进行监测;

(2)斜拉桥成桥后进行一次检测;

(3)吊索张拉(含索力调整)过程中进行监测;

(4)吊索全部张拉完毕进行一次监测;

(5)二期恒载铺装结束后进行全桥吊索测量。

### 10.5.4 环境监测

温度变化,特别是日照温差的变化,对于本桥结构内力和变形影响是复杂的。在施工阶段,日照温差对主梁挠度和塔柱水平位移的影响尤为显著。温度测量可以提供索、塔、梁各断面温度短期变化曲线和季节性温差曲线。

为了便于施工测试资料的分析,应测量出具有代表性的某一天或几天24h内结构温度变化情况。结合塔柱偏移和主梁线形测量结果,总结出结构日照温差变形规律和季节性的温差变形规律。环境温度监测采用温湿度仪。

环境检测还包括主桥上部结构施工时的湿度、风向和风速等内容。

## 10.6　施工控制实施过程及结果

### 10.6.1　主塔浇筑阶段

主塔浇筑阶段,主要提供 P13/P14 主塔各阶段的预偏/预抬量,以及主塔各道横撑的安装/拆除时机与顶力。主塔浇筑完成后,根据实测结果,确定了主塔主索鞍鞍座底板的定位。

主塔施工结束后,对主塔进行了全面观测,现场实测数据与理论数据对比结果如下:P13 主塔实测高程与设计高程最大偏差 5mm,轴线偏差 $X$ 方向最大偏差 5mm,$Y$ 方向最大偏差 5mm;P14 主塔实测高程与设计高程最大偏差 4mm,轴线偏差 $X$ 方向最大偏差 5mm,$Y$ 方向最大偏差 5mm。以上结果均满足设计和监控要求。

### 10.6.2　主梁顶推阶段

主梁顶推阶段,主要提供钢主梁各节段定位的相对坐标,从而实现钢主梁的切线拼装。相关梁段顶推过程中,根据施工监控测量的参数识别结果,对模型进行实时修正,确定了临时斜拉索的无应力长度。主梁顶推到位后,考虑结构施工全过程的位移、弹性变形及收缩徐变,确定了钢主梁落架位置与混凝土锚固段的立模位置。

### 10.6.3　临时斜拉结构形成阶段

临时斜拉结构形成阶段,一方面提供钢主梁各节段定位的相对坐标,从而实现钢主梁的切线拼装;另一方面提供临时斜拉索索力,从而保障全桥结构始终安全可控,并能最终成功合龙。

针对主梁边跨与中跨合龙,考虑到实际合龙环境条件与预测的差异,以及主梁制造误差以及斜拉桥施工过程中的安装误差的累积,相应提供了相关梁段合龙前位置调整量与配切量,保证结构成桥梁长符合设计和规范要求。

过程中,还根据参数识别修正后的全过程计算结果,确定了大桥主缆制造长度,以及锚跨段的立模位置。

斜拉桥主跨于 2018 年 5 月 5 日顺利合龙。斜拉桥成桥后对主梁进行了全面观测,现场实测数据与理论数据对比结果如下:P13 主塔塔顶顺桥向较理论计算值偏东 0.2cm,临时塔顶顺桥向较理论计算值偏东 1.3cm;P14 主塔塔顶顺桥向较理论计算值偏东 2.3cm,临时塔顶顺桥向较理论计算值偏西 1.5cm;主梁跨中实测高程较理论计算值偏低 2.7cm,顺桥向较理论计算值偏西 0.7cm。以上结果均满足设计和监控要求。

### 10.6.4　主缆架设阶段

主缆架设阶段,为方便后续吊索张拉,提供了临时拉索的补张量;提供了主缆基准索的定位调整量;针对两岸锚跨段实际合龙环境条件与预测的差异,提供了合龙前主梁的定位位置;针对架设好的主缆实际线形和主梁吊索索道管实际位置,确定了各根吊索的无应力长度和索夹的定位位置。

### 10.6.5 吊索张拉阶段

吊索张拉阶段,主要提供各根吊索的张拉次序,对于无法一次张拉到位的吊索,提供张拉过程中的中间索力;根据理论计算结果本阶段共发布施工监控联系单25份,自2019年1月14日开始,至2019年3月10日结束。

### 10.6.6 斜拉索拆除阶段

斜拉索拆除阶段,提供合理的斜拉索拆除次序,兼顾斜拉索拆除的便利性和大桥各构件的安全性;斜拉索拆除完成后,发布索鞍顶推指令与主梁锚跨段顶升指令,实现大桥的体系转换。针对体系转换后全桥结构的内力、位移通测结果,发布吊索通调指令,使得吊索索力均匀,主梁线形平顺。

2019年5月20日吊索通调结束,标志着体系转换工作的完成。吊索通调后对全桥进行了全面观测,现场实测数据与理论数据对比结果如下:P13主塔塔顶顺桥向较理论计算值偏东0.5cm,P14主塔塔顶顺桥向较理论计算值偏东1.5cm;主梁跨中实测高程较理论计算值偏低2.4cm,顺桥向较理论计算值偏东0.1cm。以上结果均满足设计和监控要求。

### 10.6.7 二期恒载施工阶段

二期恒载施工阶段,为满足线路专业对轨道成桥线形的要求,提供监控计算的轨道结构荷载引起的主梁变形并预测成桥主梁线形,供线路、轨道专业开展拉坡设计与轨道结构荷载更新,重复三轮以上过程后,线路专业认为桥梁线形满足轨道的设计要求。

在缆吊系统施工完成后,在轨道铺设以及部分剩余二期荷载施工期间,对全桥关键响应进行持续观测,确保全桥结构始终受控。2019年12月主桥二期荷载基本施加完成时,对全桥进行了全面观测,现场实测数据与理论数据对比结果如下:P13主塔塔顶顺桥向较理论计算值偏西1.6cm,P14主塔塔顶顺桥向较理论计算值偏西0.5cm;主梁跨中实测高程较理论计算值偏低2.7cm,顺桥向较理论计算值偏西0.3cm;吊索最小安全系数3.28,且索力均匀,与理论计算结果吻合较好。以上结果均满足设计和监控要求。

# 第 11 章 轨 道 铺 设

## 11.1 隔离式减振无砟道床施工

### 11.1.1 轨道工程概述

鹅公岩大桥上部轨道结构高度 540mm,道床块划分为:隔离式减振垫道床起点→1 块 4.92m 非标准道床块→188 块 5m 标准道床块→1 块 4.92m 非标准道床块→隔离式减振垫道床终点。道床块分为标准道床块及非标准道床块两种。标准道床块长 5m(道床板长 4.9m,板与板之间设 100mm 宽板缝),轨枕布置间距 555mm;非标准道床块长 4.92m(道床板长 4.82m,板与板之间设 100mm 宽板缝),轨枕布置间距 615mm。

### 11.1.2 工程难点

1)道床施工工艺要求高、类型新颖,各种道床结构的转换

大桥混凝土梁段采用高架普通短轨枕承轨台式整体道床,钢箱梁段采用隔离式减振垫整体道床。道床底部设置施工工艺先进、工艺要求高的钢限位支座、减振垫,用以轨道减振及道床的限位。在两侧桥端铺设跨梁缝抬枕装置及温度应力式伸缩调节器。全桥涉及全国多项先进、新颖、施工精度要求高的施工工艺,如何控制各种形式过渡段的工程质量,保证铺设的轨道精度,是控制整体轨道线形质量的重点。

2)施工定位放线精度高,难度大,工序烦琐

施工基标、轨道复测是轨道铺设的基准,尤其是线路的限界测量、线形的计算、基标测设的精度将直接影响轨道线路铺设的施工质量。施工前的测量放线,是保证线路平直度、减振垫受力均匀、控制的关键;减振垫施工完成后的相对高程测量放线,是轨道线形与桥梁线形拟合的依据。因此,测量工作是本工程的一个难点。

3)线形拟合及评估

鹅公岩轨道大桥为无砟轨道刚性承载层,当受温度、风及施工阶段荷载等影响达到荷载强度极限时将产生轨道变形,并引起轨道线形几何尺寸的变化。因此轨道必须建于稳定、坚实或一定变形范围的基础上,一旦钢箱梁结构变形超出轨道线形范围或导致轨道结构损伤等,其后期维护和整改将十分困难。对于鹅公岩大桥而言,要求轨道铺设时桥面线形应稳定于某一个经评估比选优化的科学、合理线形,方可进行轨道施工。

### 11.1.3 轨道测量需要考虑的因素

1)轨道施工前期下部结构测量数据复核与验收

施工前收集桥梁竣工平面、高程控制测量、中线测量和横断面测量的测绘成果资料,并同

监理进行复测。鹅公岩大桥属于大跨径的柔性桥梁,与常规的桥梁相比,在变形方面,成桥、施工过程中的变形量有很大的区别。需要大桥土建和设计提供的资料:提供大桥成桥现状(大桥沉降、预拱度值)、鹅公岩大桥的预拱度设计数据、混凝土梁段的混凝土徐变稳定数据以及大桥的监测测量数据;桥梁施工单位提供大桥的质量验收资料。

2)轨道施工过程中二期恒载及线形拟合后的修正

在施工过程中,桥梁因受施工荷载等的影响,时刻是一个动态的变化过程。因此在施工的过程中,需要寻找一个理想的状态,对桥梁的绝对高程进行线形的锁定,在锁定以后,按照桥梁面实际高程(铺轨基标设置在梁面上)与轨顶的相对高程进行控制,要求铺轨单位在铺轨基标高程锁定前对上桥的荷载尽量与接近恒载一致,如钢筋、轨排、减振垫、承轨台等荷载集度,根据大桥设计、轨道设计及大桥监控单位要求增加模拟荷载(预加载荷载集度)以满足监控量测、理论计算的要求。

3)轨道施工竣工后的恒载、活载监测预警

二期恒载具体数值存在不确定性。实际发生的恒载数值会有偏差,这一不确定性需要大桥设计、轨道设计及大桥监控单位根据实际线形结合监控结果通过若干次拟合验算,尔后再通过设计院线路专业及桥梁监控单位评估比选桥梁线形,综合模拟计算轨道线形最终确定铺轨相对高程线形和铺轨时间。大桥设计、轨道设计及大桥监控单位对远期线形的预测:针对在道床浇筑以后,以及所有的二期恒载到位、列车的动载上线后,可以选择几种最不利的状态进行线路变形后的线形预测,是否满足轨道的行车要求。

4)设计线形的确定

线路调线调坡的依据是:成桥桥面线形=实测大桥线形+高程温度修正+后续二期荷载变形量+轨道结构设计高度,实际模拟桥面线形与原设计轨面线形相差大于0.1m,则需要重新进行调线调坡。该变化则会引起轨道荷载的变化,将再次引发桥梁因二期恒载变化导致的桥面高程的变化。线路专业、轨道专业、桥梁专业、监控单位密切配合,多次拟合线路线形,最终调整出的线路线形既满足线路专业相关规范要求,又满足铺轨要求。

根据以上原则,鹅公岩轨道大桥将原设计的5个坡段优化成8个坡段,最小坡长满足设计规范140m的要求,坡差均小于2‰。

5)施工线形的确定

铺轨施工前应拿到线路设计与桥梁监控设计共同模拟的线形数据(道床结构厚度),铺轨施工单位再根据此模拟的线形与桥面1.5%的顺坡数据相叠加,最终与设计给出的线形相吻合。

## 11.1.4 主要施工控制要点

1)施工测量控制流程

接收精密导线点(勘测院)→导线点复测→全桥铺轨基标测量→大桥二期恒载加载→线形拟合数据采集→铺轨基标测量锁定→施工完成复测。

2)隔离式减振垫整体道床施工流程

倒运钢轨→转运线路轨料→安装钢限位支座→桥面清洁→铺设减振垫→安装弹性限位板→减振垫清理→线路轨料散铺→轨排组装→架轨→轨道精调→钢筋绑扎、焊接→扁钢焊接→立模→桥面防护→混凝土浇筑→轨道监测→拆模、养生→桥面清理。

### 11.1.5 测量控制网建立、复测以及铺轨过程轨道测量

在鹅公岩轨道桥梁设计单位、监控单位与轨道设计单位共同拟合线路的线型基础上，需在计算桥梁1.5%横顺坡度后，最终对拟合数据进行叠加计算，在此基础上针对变化规律制定铺轨基标的测设时间进行控制基标的锁定，最终出具了铺轨基标高程与钢梁面高程同为相对高程数据，根据此数据进行现场轨道的精调。

根据轨道综合铺轨设计图的轨面设计高程与大桥拟合线形下的梁面高程（注：铺轨基标布设在梁面上，铺轨基标高程与钢梁面高程同为相对高程）的相对高程进行轨道精调，保证轨道几何尺寸的准确性。

本桥段的线路贯通测量复测、线路控制基标测量由勘测院进行定测，向铺轨单位交接桩后，由轨道施工单位进行勘测点复测，以此进行铺轨基标和线路中线测量。铺轨基标测设完成后，锁定基标数据成果（铺轨基标测量成果）经复核无误后，方可投入使用。

1）铺轨基标测设流程

铺轨基标测设工艺步骤：导线接受→导线复测→左右线断面测量→控制基标放样→点位放样→控制基标放样→钢限位支座点位放样→控制基标测量。

2）施工过程监控量测控制要点

根据桥梁监测单位提供的桥梁稳定时间，凌晨00:00至5:00大桥最为稳定。经与大桥监控进行沟通联系，夏季凌晨00:00至5:00时间段桥面温度较低，故确定凌晨00:00至5:00时间段对大桥进行测量，每日1次固定人员对鹅公岩大桥铺轨控制基标高程定点采样并记录当时实测温度。

根据桥梁变化测量和线型拟合数据，计划连续采集数据7天（如数据采集频率不够，根据设计及监控要求，增加数据采集），完成大桥铺轨基标高程数据采集，保证7组高程采集数据，作为线形拟合数据分析。为便于测量数据采集，需采用红外线温度计记录测量时桥面温度，每一个小时测量一次，数据采集时记录当时大桥上的温度。

然后针对变化规律制定铺轨基标的测设时间进行控制基标的锁定以及轨道精调时间段、浇筑时间段。

3）施工测量

（1）控制、加密基标测量

根据精密导线点放样左（右）线线路中心线及每5m左右横向2个断面测量点位，根据桥梁受风荷载等因素产生的不稳定性，测量控制基标、加密基标需要在全桥每天最稳定的凌晨00:00至5:00时间段进行一次性贯通放样。同时采集当天测量数据。

（2）平面（中线组）

全桥勘测院设置3对共6个测量控制点，主桥墩东、西塔台及跨中各1对点。鉴于大桥受温度影响较大，平面位置随桥梁变化而变化，处于一个动态的过程，现以大桥两端区间内勘测院导线点为依据，分别在混凝土梁（左右线）两端各测设1个点位，以此为基准在整体道床施工前在00:00至5:00时间段连同区间对大桥中心线进行贯通测量放样，保证大桥线路与区间线路平顺接驳。

(3)高程(水准组)

按左(右)线线路中心线偏桩每4.8~5.2m横向2个断面测量点位,因受桥梁风荷载等一些沉降变化特点,测量线路中心线需要全桥每天在最稳定的凌晨00:00至5:00时间段进行一次性贯通放样。每天进行测量数据采集。大桥预加荷载加载前对鹅公岩大桥钢箱梁段进行桥面测量,加载完成后进行连续7天高程数据的采集并记录温度,然后根据大桥撤除预加荷载的顺序,再对桥面进行高程数据采集。待荷载完全撤除后对桥面现状进行二次复核测量。

4)基标的设置与精度

(1)基标的设置

鹅公岩大桥混凝土梁段铺轨基标在轨道中心线位置设置;每5m设置一个基标,共设置190个铺轨基标,每片混凝土梁根据梁长确定点位个数,采用不锈钢螺栓在梁面钻孔埋设。

钢箱梁段铺轨基标设置:根据隔离式道床板块限位装置的位置,在隔离式减振垫板缝之间,左右分别设置190块板,共设置380个铺轨基标控制点;采用沉降观测基标和桥面胶结,待后期道床浇筑完成后在道床上恢复铺轨基标。

(2)基标测设

鹅公岩大桥P13桥墩(小里程)设计为活动支座,P14桥墩设计为活动支座(大里程),随温度和荷载的影响,大桥沿线路方向产生位移,桥面勘测点位纵向产生误差,故以大桥两侧区间内勘测院点位作为后视点,桥面勘测点位作为校核的参考。以保证后期区间内轨道线路中心与大桥线路中线在一条平顺的线上。鉴于鹅公岩大桥除小里程混凝土梁有一个曲线(后视区间隧道勘测院控制点对曲线进行放样),钢箱梁段及大里程混凝土梁段设计全为直线段,故采取以下测量方法对直线段线路平面位置进行放样。

第一步:通过区间内勘测院CPII点作为后视点,在混凝土梁主桥墩处设站,分别在边跨混凝土梁大小里程两端各测设一个线路中线基标控制点,作为全桥轨道线路平面中线控制点。

第二步:根据勘测院桥面设置的勘测点位,校核线路基标控制点,垂直线路方向偏差情况(只作参考)。

第三步:全站仪设置在混凝土梁主桥墩处线路基标控制点、后视混凝土梁端线路中线基标控制点、正反镜测量线路中心线。

(3)勘测院导线点复测方法

先将勘测院提供的坐标数据进行坐标反算,得出设计的角度、距离数值;再采用全站仪的多方向测回的功能,对勘测院的点进行4个测回的角度、距离测量,取其平均值得出实测的角度、距离数值;最终将设计的角度、距离值进行对比,其中角度中误差±2.5″,测距中误差±4mm为复测数据合格。若不合格,需与勘测院、监理单位沟通解决。轨道测设如图11.1-1所示。

图11.1-1 轨道测设

### 11.1.6 隔离式减振垫道床施工技术

施工工艺步骤:导线复测→轨道架设→轨道起道粗调→轨道精调→道床混凝土浇筑轨道→线型复测。

1)钢限位支座施工

因道床板限位需要,每块道床板两端分别设置一个钢限位支座,每个钢限位支座通过6个10.9级M20高强螺栓与梁面固定,对应梁面位置需预设相应栓接孔,栓接孔为通孔设计,内部应设置与M20螺栓相匹配的螺纹。现场施工如图11.1-2所示。

图11.1-2 钢限位支座施工

道床板限位采用钢限位支座,与钢梁面的连接一般采用栓接方式,钢限位支座位置需预留螺栓孔;钢限位支座周围采用弹性限位板与道床板隔离。主要功能为防止道床板与桥面偏离错位,从而轨道发生变化,影响行车安全。

2)铺设隔离式减振垫

刚度过渡段设置:钢箱梁段减振垫整体道床需与两端混凝土承轨台道床进行衔接,在减振垫整体道床内设置刚度过渡段,过渡段通过调整减振垫尺寸方式实现,设置长度一般为4块道床板(20m左右)。

道床减振垫衔接过渡段采用尺寸为厚27mm,$0.030 \pm 0.005\text{N/mm}^3$ 的减振垫,减振垫厚27mm;一般刚度段采用静力地基模量为 $0.019 \pm 0.003\text{N/mm}^3$ 的减振垫,减振垫厚30mm。

减振垫铺设前先对梁面进行清理工作,确保梁面无杂物、干净整洁。

减振垫铺设采用纵铺方式,具体分为三步:

第一步,减振垫依据现场量测的铺设宽度进行提前切割,切割过程中保证减振垫边角平直,以保证减振垫切割后整体美观。

第二步,铺设采用纵铺方式(垂直于线路中心方向铺设),每块减振垫衔接的缝隙宽度应小于等于10mm,并采用专用搭接条覆盖缝隙,然后用三排铆钉将搭接条固定于减振垫。

第三步,减振垫密封。

减振垫铺设完成后,上卷部分顶面利用土工布进行包裹并采用橡胶密封条进行密封。轨道的安装和道床浇筑应注意保护好已铺设的减振垫,严禁损坏。减振垫铺设如图 11.1-3 所示。

图 11.1-3　隔离式减振垫铺设

3) 散料及轨排的组装

(1) 散料

在减振垫铺设完成后就可进行轨排组装工艺。使用的轨排是在现场组装的;轨枕、钢轨和扣件提前通过叉车、自制小车散至作业点。

(2) 轨排组装

先将轨枕、扣配件和钢轨按照设计间距进行散布,注意轻拿慢放,防止对减振垫、桥面、轨枕自身破损和钢轨受损;轨排组装时,两根钢轨的轨枕中心线应与线路中线垂直,利用直角钢尺对轨枕进行方正,对扣件进行依次检查,复紧。轨排组装及调整如图 11.1-4 所示。

图 11.1-4　整体道床轨排组装及调整

4) 整体道床施工

(1) 轨排调整

每块板布置 5 个轨排支撑架,钢箱梁段须采用侧向支撑确保轨排稳定;架设时,根据轨道相对高程左、右螺杆同时调整使轨排整体抬高或降低,然后以5m加密基标控制点,选择基本轨,利用轨距尺对轨排的水平和轨距进行调节,利用轨道尺对基本轨的高程和方向进行调整,使轨道几何尺寸初步满足要求。轨排的调整、定位程序是:先调高程,后调方向;先调水平,后调轨距;先调桩点,后调桩间至满足线路几何尺寸要求。轨排粗调、精调如图11.1-5所示。

图11.1-5 轨排粗调、精调

轨排架设时,大架支架尽量避开减振垫铺设范围,若设置在减振垫范围内,则在减振垫对应位置放置钢板,将轨排大架螺杆直接与钢板接触,道床浇筑前做好大架螺杆处的密封措施;道床浇筑完毕后,轨排大架螺杆拆除后应立即对大架孔进行封堵。

(2)混凝土浇筑及养护

①混凝土浇筑运输。

根据轨道施工移交条件及工期影响,混凝土浇筑不能进行有序的机械运输。只有大桥东桥头具备泵送条件:通过临时便道混凝土罐车可以到达鹅公岩大桥钢箱梁段,在桥面右线安置一台地泵。

②浇筑前。

道床板浇筑前,应对钢轨、扣件等轨道部件进行保护,避免脏污。

道床混凝土浇筑前,与供电单位沟通预埋管线位置并现场确认,在轨道几何尺寸调整完毕前进行管线的预埋工作,浇筑前自检合格后进行上报监理单位验收,监理工程师认可后对道床轨枕及浇筑范围内侧采用高压水枪湿润,严禁道床浇筑范围内存在积水,湿润后方可浇筑道床混凝土。道床混凝土采用商品混凝土,混凝土采用地泵泵送入模。整体道床顶面排水采用1%的横向排水坡,再通过整体道床结构缝与桥面排水系统相连。为防止道床浇筑过程中扣件及轨枕、钢轨受到污染,浇筑前可用专用轨枕盖以及塑料袋对各部件进行保护。

③浇筑时。

为确保道床浇筑质量及施工连续性,每段的整体道床浇筑必须一次性完成。道床浇筑过程中应加强混凝土的捣实,以增加道床结构的密实度,防止道床结构浇筑完成后出现开裂现象。浇筑时使用插入式振捣棒振捣并加强轨枕底部及轨排架周围捣固,混凝土浇筑时必须保证左右轨平行浇筑依次进行,道床表面需抹面整平(抹面允许偏差为:平整度3mm、高程0/-5mm),抹面严格参照高铁道床收面标准执行。找平收面分5遍进行:第一遍在浇筑振捣后进行找平,采用专用工具用力搓打、抹平,使面层达到结合紧密,抹出道床面坡度并将道床面抹到设计高度;第二遍初平,对混凝土表面大粒石子挤压,使道床表面初步形成平整;第三遍收光,在表面砂浆初凝后,无浮浆时,用专用工具进行第三遍收光找平;第四遍收光,待混凝土浆液提取至表面收平以后再对整体道床面做进一步收光,确保终凝前道床面压光时的平整度以及光泽度;第五遍收光抹面,用专用工具在表面砂浆终凝前,即进行按压稍有手指印,用专用工具压光,此遍要把所有纹路收平压光,达到道床结构混凝土密实光洁。

④浇筑后。

道床浇筑施工完成后,在拆卸模板时对道床混凝土成品保护并及时养护。

a.养护:浇筑施工完12h后进行洒水养护,每3小时不少于1次,养护周期不少于10天。道床浇筑、养护如图11.1-6所示。

b.根据道床强度达到时,试验人员对道床进行强度回弹测试,并做好记录。

c.混凝土强度需达到5MPa后才能拆除模板;混凝土强度未达到70%时不得对道床板进行承载。

d.拆模后整体道床如出现不光洁,存在蜂窝、掉角、表面不平整等现象应及时进行修补处理。拆模时要注意保护成品道床边、角、面不被破坏,保护道床不被油污。

e.每次拆模后原地对模板及时清理、打磨、涂脱模剂,然后再收集倒运至下一作业面,有序卸在线路两侧,轻拿慢放,防止伤人和损坏模板、加密基标等。

f.浇筑完成后12h,根据浇筑前计算的测量线型数据对线路复测,确保与浇筑前线型相吻合。

图11.1-6 道床浇筑、养护

## 11.1.7 施工工艺流程

隔离式减振垫无砟轨道道床板施工工艺流程如图11.1-7所示。

# 第11章 轨道铺设

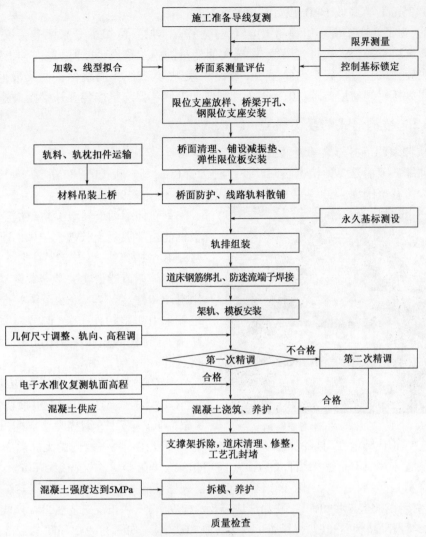

图 11.1-7 隔离式减振垫无砟轨道道床板施工工艺流程图

## 11.2 上承式轨道伸缩调节器安装与检验

### 11.2.1 上承式轨道伸缩调节器简介

重庆轨道环线二期鹅公岩大桥主桥钢桥以减振垫整体式无砟道床为主,其中东引桥混凝土梁 P16 桥墩曲线段梁缝(ZDK39+647.129/YDK39+648.529)处,设计安装 2 组长枕埋入式无砟钢轨伸缩调节器与抬枕装置一体化设备;抬枕装置部分区段采用钢枕埋入式,在主桥与引桥跨径梁缝处采用钢枕悬空式安装方式。

鹅公岩大桥钢轨伸缩调节器与梁端装置均位于曲线段,该地铁线路最大设计车速100km/h、曲线半径2000m、圆曲线超高55m、缓和曲线超高顺坡率不大于2‰、采用60kg/m U75V 钢轨,标准轨距 1435mm,轨底坡 1:40、设计梁缝宽 800mm。

施工前,为了解决鹅桥小里程超大梁缝大跨径施工难题,组织了专家评审会议,此次专家评审会有效解决了鹅公岩大桥宽梁缝、梁端大伸缩量的施工难题,并通过室内伸缩阻力、静载及 300 万次疲劳试验等得到系列验证。试验结果表明,具有纵梁防跳保护的梁段伸缩装置能满足鹅公岩大桥梁端使用要求,2019 年 7 月钢轨伸缩调节器与梁端装置开始投入施工。

### 11.2.2 结构形式与受力特点

1)钢轨伸缩调节器与梁端装置结构形式

钢轨伸缩调节器是一种轨道温调设备,全长 22.18m,基本轨长 19.335m,尖轨长 11.2m,调节器调节大位移范围为 -600 ~ +800mm,适用于曲线半径≥2000m 地段。

钢轨伸缩调节器至尖轨跟端范围采用 22 根钢筋桁架混凝土长枕,其中 1 号~3 号、22 号是 B 型桁架枕,4 号~21 号是 A 型桁架枕。钢轨伸缩调节器尖轨尖端至梁缝梁端装置采用滑动扣件,基本轨始端至梁端装置及尖轨根端采用弹调扣件组装,调节器采用硫化铁垫板,与轨枕的连接采用偏心缓冲调距块结构,如图 11.2-1 所示。

鹅公岩大桥曲线地段梁端抬枕装置采用上承式"4-3-5"结构,共 12 根钢枕,其中中间 3 根(即⑤⑥⑦枕)钢枕为悬空枕,其余为埋

图 11.2-1 现场铺设的钢轨伸缩调节器

入式枕。①~④枕铺设在引桥混凝土梁端,⑧~⑫枕铺设在主桥一侧内的无砟道床内。

抬枕装置采用具有低摩擦组件的纵梁(即扁担梁)并在②~④枕固定,在⑤~⑫可滑动,采用高强度剪刀叉结构,并采用精密销轴和剪刀防锁紧装置。在纵梁⑩~⑫围安装防跳装置,其中部件包括:钢枕上三联扣铁、三联扣铁垫板及螺栓副等,三联扣铁安装在⑩~⑫枕;在⑩枕纵梁下安装纵梁滑动垫板,在⑪⑫枕纵梁下安装三联扣铁垫板,如图 11.2-2 和图 11.2-3 所示。

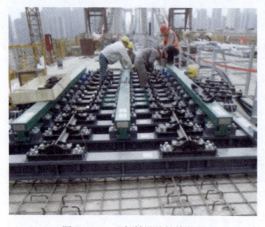

图 11.2-2 现场铺设的抬枕装置

图 11.2-3 现场伸缩调节器与抬枕装置一体化施工图

2)钢轨伸缩调节器与梁端装置受力特点

鹅公岩大桥地处重庆,大桥主跨受夏天温度变化影响较大,由温度变化及竖向车轮荷载共同作用,桥梁结构本身及桥上轨道线路将产生较大的纵向力和位移。为了协调因温度引起的梁轨相对位移,释放轨道中较大的附加应力,避免出现钢轨碎弯、无砟轨道结构破损、扣件垫板窜动危害,为了保持轨道几何状态稳定,保证线路安全运营,在鹅公岩大桥曲线地段设置安装伸缩调节器与梁端一体化设备有效解决了这一难题。

### 11.2.3 超大梁缝伸缩对一体化设备的影响

重庆轨道地铁线路鹅公岩大桥曲线段主桥与引桥设计梁缝为800mm宽,而且鹅桥施工正值夏季,温度高,主桥与引桥受温度影响变化快,对安装钢轨伸缩调节器与抬枕装置施工产生了很大影响,需要等傍晚温度变化缓慢时施工,这给施工进度造成了很大困难。

鹅公岩大桥小里程端一体化铺设设备如图11.2-4所示。

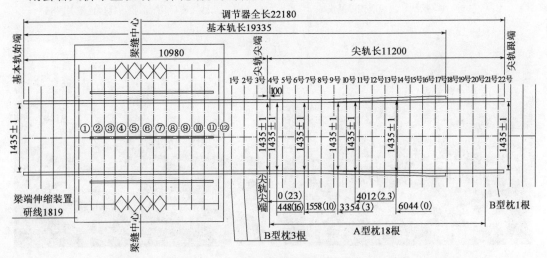

图11.2-4 鹅公岩大桥小里程端一体化铺设设备示意图(尺寸单位:mm)

### 11.2.4 钢轨伸缩调节器与抬枕装置施工工艺

1)调节器与抬枕装置施工前准备

在抬枕装置铺设安装之前,基底凿毛、清理,事先绑扎底层钢筋,否则不利于后续施工,如图11.2-5所示。

2)抬枕装置与调节器吊装及粗调铺设

对抬枕装置与调节器进行组装时,需要厂家派专人在现场进行指导,选取合理吊点,进行吊装,在吊装过程中需要对调节器组件进行保护。

将抬枕装置三部分吊装至线路中心线位置处,开始进行组装,然后由测量专人用全站仪进行放点校准,使抬枕装置水平与竖直方向与线路中心线基本吻合后,用钢轨支撑架将抬枕装置起到一定水平位置,调节器开始进行组装,当调节器钢轨与轨枕组装后达到同一水平位置,进行粗调。

抬枕装置与调节器吊装及粗调铺设如图 11.2-6～图 11.2-9 所示。

图 11.2-5　现场抬枕装置底层钢筋铺设图

图 11.2-6　现场吊装抬枕装置施工图

图 11.2-7　现场吊装抬枕装置施工图

图 11.2-8　现场抬枕装置粗调施工图

图 11.2-9　现场调节器粗调施工图

3)调节器与抬枕装置精调注意事项

当调节器与抬枕装置一体化铺设后,在测量员的配合下,用千斤顶和撬棍微调抬枕装置的纵向、横向位置和抬枕装置顶面高程,当抬枕装置顶面高程达到设计高程,同时抬枕装置前后左右位置到位后,检查抬枕装置⑧枕边到梁缝边距离是否是380mm,用靠尺和卷尺测量,再检查悬空钢枕与梁缝边枕下净空是否大于3cm,最后检查抬枕装置标尺刻度与梁缝伸缩量是否一致。当所有条件满足后,将主桥抬枕滑动区与引桥锁定抬枕装置的钢枕用钢筋与桥梁锚固筋进行焊接,这样即可保证抬枕装置在随梁缝伸缩处于同一位置伸缩。

现场抬枕装置精调及焊接定位如图11.2-10~图11.2-12所示。

图11.2-10 现场抬枕装置精调施工图

图11.2-11 现场调节器精调施工图

图11.2-12 现场抬枕装置焊接定位施工图

4)整体道床浇筑注意事项

当伸缩调节器与梁端装置一体化设备精调完成后,在浇筑混凝土前需注意将道床板分为C1、C2、D、E四种类型,浇筑混凝土时道床表面需做3%的横向人字坡利于排水。

在道床浇筑前,为了防止道床混凝土伸缩,与抬枕装置钢枕之间产生离缝,雨水等渗入离缝内锈蚀钢枕,道床与钢枕之间需设置凹槽,凹槽内需填充高变形伸缩性、高耐久硅酮嵌缝材

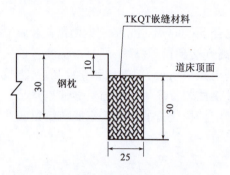

图 11.2-13 抬枕装置钢枕四周凹槽嵌缝示意图
(尺寸单位:mm)

料,以适应道床混凝土收缩后离缝大小变化。浇筑之前需将调节器与抬枕装置作包装处理,避免污染钢轨扣件和抬枕防跳横梁。

浇筑一体化设备时,为了保证尖轨轨尖到抬枕⑫枕中心间距为2300mm,也为了抬枕装置滑动端随梁缝伸缩变化而变化,应分为两次浇筑,浇筑引桥一侧,当混凝土达到初凝时,在浇筑主桥一侧的抬枕装置和伸缩调节器,避免道床随梁缝伸缩拉裂。

抬枕装置钢枕四周凹槽施工及密封包装如图 11.2-13~图 11.2-15 所示。

图 11.2-14 抬枕装置钢枕四周凹槽挤塑板密封施工图

图 11.2-15 浇筑混凝土前密封包装施工图

## 11.3 下承式轨道伸缩调节器安装与检验

### 11.3.1 技术要求

鹅公岩大桥轨道大桥 P11 墩梁缝处铺设使用 TSSF1400(EGY)型下承式梁端伸缩装置与 0706(19EGY)型调节器,两套设备配套安装,以满足超大梁缝处列车的安全运行。

1)TSSF1400(EGY)型下承式梁端伸缩装置

(1)性能

TSSF1400(EGY)型下承式伸缩装置适用于大桥 P11 桥墩梁缝处(梁缝设计中心里程 ZDK9+952.752/YDK9+942.561),设计梁缝宽800m,伸缩缝宽(200,1560)mm,伸缩装置设计位移量为(-600,+760)mm。

梁端伸缩装置承受的竖向车轮荷载为 150kN,横向水平力按横向摇摆力取值,以 100kN 集中荷载作用于结构的任意位置，纵向水平力按牵引力、制动力、长钢轨伸缩区伸缩阻力考虑，综合考虑后按竖向静荷载的 25% 计。

梁端伸缩装置的位移量顺桥向为 ( -600, +760 ) mm，横桥向为 ( 列车横向摇摆力 ) ±1mm，设计最大转角为 0.003rad。伸缩装置固定钢枕下垫板竖向刚度为 80 ~ 120kN/mm，承压支座竖向刚度为 160 ~ 240kN/mm，伸缩阻力不宜大于 50kN，各轨枕中心间距应均匀变化（固定钢枕间枕距除外），钢轨中心线下各轨枕中心距与轨枕中心距平均值的最大偏差不宜超过 ±25mm。

（2）材料

Q345C 钢材应满足《低合金高强度结构钢》(GB/T 1591) 的要求，Q345qE 钢材应满足《桥梁用结构钢》(GB/T 714) 的要求，12Cr18Ni9 镜面不锈钢板应满足《不锈钢冷轧钢板和钢带》(GB/T 3280) 的要求，表面粗糙度 $R_y \leq 1\mu m$，45 号钢应满足《优质碳素结构钢》(GB/T 699) 的要求，调质后硬度应达到 HRC31±2；高强度螺栓应满足《钢结构用高强度大六角螺栓、大六角螺母、垫圈技术条件》(GB/T 1231) 的要求。

承压支座、压紧支座、橡胶垫板和防水橡胶条采用的橡胶，其胶料的物理机械性能应满足《客运专线桥梁伸缩缝暂行技术条件》的要求，不得使用返料及再生胶，润滑用 5201 硅脂性能应满足《5201 硅脂》(HG/T 2502) 的要求，SF-1 滑板性能应满足《铁路桥梁盆式支座》(TB/T 2331) 的要求，改性超高分子量聚乙烯板性能应满足《客运专线桥梁盆式橡胶支座暂行技术条件补充规定》的要求，玻璃纤维增强聚酰胺 66 的性能应符合《弹条 V 型扣件零部件制造验收暂行技术条件》的要求。

（3）表面处理

伸缩装置的钢枕、支承梁、位移控制箱、吊架、连杆等钢部件表面处理按金属涂层+重防腐油漆涂层处理，涂装总厚度 $\geq 280\mu m$，高强度螺栓出厂时需进行临时防腐处理，安装后外露表面涂油漆；普通螺栓及螺母采用锌铬涂层处理，性能应满足《锌铬涂层 技术条件》(GB/T 18684) 的要求。

（4）组装

伸缩装置必须在专用台架上进行组装，台架必须平整牢固，不锈钢表面应用酒精或丙酮擦拭干净，改性超高分子量聚乙烯滑板表面涂满硅脂。按零位移状态进行伸缩装置的组装，首先确定固定端、活动端支承架的位置，并保证纵向相对应的两个支承架的纵向中线平行，中线横向偏差不大于 1mm，同一端横向两个支承架的纵向中线应平行，中心线间距与理论值偏差不大于 ±2mm，定位后对支承架进行临时固定，保证其在组装过程中无滑移，无扭转，然后依次安装固定钢枕垫板及钢枕，限位挡块，再安装活动钢枕，调整枕距后安装位移控制连杆，安装托梁和防水橡胶条，最后安装钢枕临时定位装置，防止枕距变化，该定位装置直到现场安装时方可拆除（图 11.3-1、图 11.3-2）。

2) 0706 (19EGY) 钢轨伸缩调节器

钢轨伸缩调节器全长 22.18mm，基本轨长 19.335mm，尖轨长 11.2m，调节器的设计伸缩量为 ( -600, +760 ) mm。

调节器两端与长轨条进行焊接，故基本轨与尖轨材质同两端焊接钢轨材质相同，均为 60kg/mU75V 在线热处理钢轨。

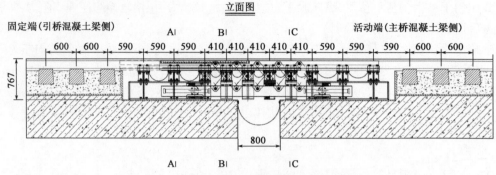

图 11.3-1 下承式梁端伸缩装置立面图(尺寸单位:mm)

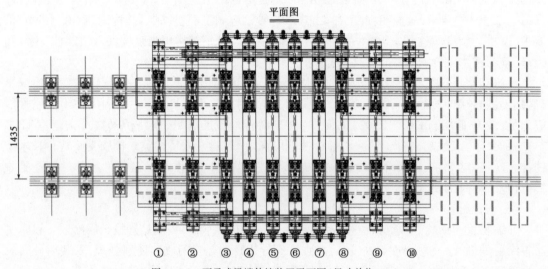

图 11.3-2 下承式梁端伸缩装置平面图(尺寸单位:mm)

调节器轨距调整量为±32mm(1号~21号枕),其中一股钢轨偏心套的轨距或矢距调整量为±6mm,轨撑的轨距调整量为±10mm,±20mm(22号枕),高低调整量为-4~+20mm。

尖轨尖端至梁缝梁端伸缩装置采用滑动扣件,基本轨始端至梁端伸缩装置及尖轨跟端采用弹条扣件。

基本轨轨撑采用间隙垫片,以调整轨撑和轨底的间隙,以实现基本轨扣件可滑动,尖轨跟端扣件大阻力的功能。轨撑螺栓采用了"穿销+开槽螺母+弹簧垫圈+平垫圈"的形式,提高了螺栓防松性。

调节器采用硫化弹性铁垫板,与轨枕的连接采用偏心缓冲调距块结构,调整轨距量一股钢轨为±6mm。

伸缩装置至尖轨跟端范围轨枕采用钢筋桁架混凝土长枕,以提高调节器铺设精度和整体稳定性。

调节器的疲劳性能满足轴重15t,最高设计速度100km/h 的安全运营要求,安装钢轨及配套扣件后的整体纵向伸缩阻力不大于30kN。

轴重15t列车通过时,悬空钢枕(⑤~⑦枕)处钢轨垂向位移与相邻轨枕处的钢轨垂向位移之差不大于1.5mm(图 11.3-3)。

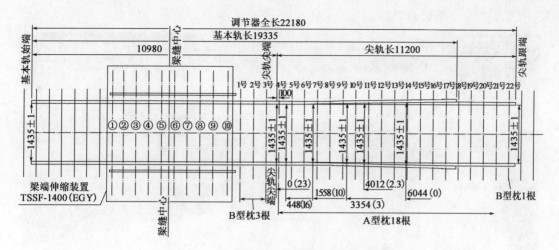

图 11.3-3　伸缩调节器布置图(尺寸单位:mm)

### 11.3.2　施工工艺流程及要点

1)梁端伸缩装置的铺设

(1)进场前准备。

检查安装现场的伸缩装置型号、长度、配件及数量是否正确,伸缩装置所有零部件运输途中有无损坏;施工设备和机具的完好性;与业主、监理工程师联系进场及施工的有关事宜;在施工路段范围严格按相关施工安全规范设置施工安全标志;落实电源;所有机具设备采取防护措施,防止设备漏油等导致的污染及损害。

(2)槽区清理及测量。

清理槽区,检查槽区尺寸是否符合施工图要求。

检查伸缩装置预埋板的预埋位置尺寸和预埋钢板之间的间距尺寸是否满足图纸要求并将预埋钢板焊接位置打磨干净,如图 11.3-4 所示。

检查混凝土梁预埋钢板的顶面高程是否满足图纸要求,实测高程与理论高程的差值不应超过±2mm,并由线路测量员测量出伸缩装置中线位置,并作好标识,中线位置偏差不大于±1mm。

在梁缝之间设置人行搭板(人行跳板设在不影响伸缩装置安装的位置);槽区清理完成之后,将梁缝处止水胶条安装到位,如图 11.3-5 所示。

(3)吊装伸缩装置入槽区。

在接近支承架体的固定钢枕下对称布置四个支撑点,每个支撑点一个 10t 千斤顶,千斤顶上面应垫一层橡胶或木方,以免损伤伸缩装置。吊装伸缩装置入槽并调整纵、横向位置,吊装伸缩装置时应缓慢起吊,入槽时,伸缩装置四周应用人扶住,注意前后左右位置基本到位时,用千斤顶将伸缩装置顶住(千斤顶应处在上升位置),然后放松吊绳。

(4)伸缩装置钢枕间距调整。

根据现场安装温度对钢枕间距离进行调整,预留伸缩量。设计时按温度为 20℃考虑。伸缩装置出厂时,轨枕间距按照设计温度及实际梁缝值调整好,并用临时固定装置固定,安装时需拆除临时固定装置进行调整。

图 11.3-4 打磨预埋钢板

图 11.3-5 安装梁缝止水胶条

（5）伸缩装置调平及焊接。

用千斤顶调或撬棍微调伸缩装置纵、横向位置和伸缩装置顶面高程（图 11.3-6），必要时可在支承架底部加调节钢板，伸缩装置支承架顶高程达到设计高程同时伸缩装置前后左右位置到位。

伸缩装置高程及位置到位后，将支承架底部与预埋钢板点焊定位，后由测量员再次复查伸缩装置顶面高程和中线位置，如不合格应重新调整伸缩装置，复查合格后填写安装记录表并签字；复查合格后将支承架两侧与梁顶预埋钢板焊接在一起，焊缝高度不小于 20mm，焊接应由专业的焊接人员焊接，如图 11.3-7 所示。

图 11.3-6 千斤顶调整高低

图 11.3-7 焊接

安装焊接完成后,对焊缝进行探伤,要求焊缝质量不低于Ⅱ级焊缝要求。

(6)焊缝表面防腐处理。

将焊缝打磨,清除焊缝上的焊渣,用灰色环氧富锌底漆和海灰色氧碳面漆对焊缝进行防腐处理,钢件外露表面加涂一道面漆。

(7)检查。

检查伸缩装置在安装过程中有无损伤,螺栓是否松动,如表面有碰伤应涂上油漆防腐。

(8)清理现场完成安装。

将槽区和伸缩装置安装现场清理干净,交付监理验收。

(9)安装轨道扣件。

与基本轨连接的1号、2号、3号钢枕采用大阻力扣件组装;4~10号钢枕采用可滑动扣件组装,如图11.3-8所示。

(10)钢枕铺设完成后,应按轨枕编号,在钢枕明显位置标示出永久性的轨枕顺序号。

2)钢轨伸缩调节器的铺设

(1)整体道床施工前应将道床范围内桥梁表面凿平并清除桥梁结构表面杂物,用高压水或高压风清洁其表面。

(2)摆放轨枕。

在检查道床基底凿毛及桥梁预埋钢筋合格后,将调节器轨枕按照编号摆放到位,注意控制好轨枕间距,以防后期轨枕不易调整;靠近伸缩装置的三根轨枕与调节器尖轨根端的一根轨枕为A型枕,中间18根轨枕为B型枕。

(3)吊装钢轨伸缩调节器。

对调节器组装件(含尖轨、基本轨、轨撑、轨撑螺栓、铁垫板等)进行装卸、铺设的吊装过程中,应选取合理的吊装点,且应轻起轻放,严禁扔、撞击、翻滚组装件,如图11.3-9所示。

图11.3-8 安装扣件

图11.3-9 吊装钢轨伸缩调节器

(4)组装轨排。

将调节器扣配件按照600mm的中心距安装在长轨枕上,两股扣配件位置应一致,以防出现轨枕不方正的情况。

特别需要注意4号枕的轨枕中线(垂直线路方向)与尖轨尖端的距离为100mm。

调节器组装时螺栓或螺母的扭矩要求为：

基本轨轨撑螺栓(1号~18号枕) 250~350N·m

尖轨轨撑螺栓(4号~21号枕) 300~350N·m

硫化铁垫板螺栓(1号~22号枕) 300~350N·m

弹条扣件螺母(22号枕) 120~150N·m

各部位密贴及间隙要求为：

4号~21号枕范围,尖轨轨撑与轨腰和轨底均无间隙。

1号~18号枕范围,基本轨轨撑与轨腰无间隙,与轨底上表面间隙0.1~1.0mm。

1号~22号枕范围,尖轨和基本轨的轨底在铁垫板上均无间隙,即无空吊。

(5)轨道粗调。

以加密基标为依据,采用直角道尺(特制)和万能道尺,通过钢轨支撑架丝杆调节,使轨道目视顺直,高程、轨距、水平及方向偏差不超过设计规范规定,枕木无偏斜。将前后钢轨用专用夹板连接,并保证接头对接,轨缝预留正确。直线段轨排组装时每隔3m布置一套钢轨支撑架,曲线段每隔2.5m布置一套钢轨支撑架。轨排经初步摆放正位后,以加密基标为依据,采用直角道尺和万能道尺,通过钢轨支承架丝杆对轨道状态进行粗调,要求轨道目视顺直或圆顺,高程、轨距、水平及方向偏差均不超限,枕木无偏斜。

需要特别注意的是,尖轨尖端距梁端伸缩装置的⑩号轨的中心距应为230cm,且钢轨应该方正。

(6)钢筋绑扎及焊接。

调节器道床纵向钢筋使用直径16mm的HRB400级钢筋,横向及架立筋均采用直径10mm的HRB400级钢筋。

横向钢筋分为三层,中层钢筋应从轨枕的桁架钢筋中穿过。

道床钢筋防迷焊接流面积要求为3000m$^2$,每个道床内选择两根纵向结构钢筋兼作排流条钢筋,与所有的横向钢筋进行焊接,如图11.3-10所示。

(7)模板安装。

模板与混凝土接触面上均匀涂刷隔离剂或脱模剂且涂抹时不得沾污钢筋和混凝土接触处;安装模板时,应分清模板类型,正确安装,应严格按墨线位置支立。其允许偏差为:位置±5mm;垂直度不大于2mm,表面不平整度不大于3mm。

(8)轨道精调。

轨排用经过校正的精度允许误差为0~0.5mm的道尺及直角道尺,对钢轨位置、高程、方向等依基标进行精调,并经过测量员的测量复核,使轨道几何尺寸全部符合规定要求,即可进行下道工序,如图11.3-11所示。

(9)浇筑混凝土。

由于昼夜气温、天气及浇筑时长的影响,尤其是浇筑时处于夏季,梁缝的变化是非常明显的,如果将伸缩调节器作为一个整体一次浇筑成形,极易在浇筑过程中因梁缝变化而带动轨排的移动,从而造成精调完成的调节器发生改变,故需分两次浇筑。

图 11.3-10　钢筋焊接

图 11.3-11　轨道精调

将调节器道床按梁缝分为两部分,第一次浇筑哪个部分时,需将该部分上的所有扣件锁死,另一部分扣件松掉,待浇筑完成拆除模板后,再次精调轨道,将未浇筑部分扣件锁死,已浇筑部分松掉,完成浇筑。

(10) 钢轨伸缩器的焊接。

如果调节器铺设时所处位置的梁缝宽度不等于年平均梁缝宽度,则在铺设前应根据式(11.3-1)计算基本轨伸缩预留量,如果伸缩预留量计算值在±50mm范围内,则铺设时无须设置预留伸缩量,调节器可按基本轨处于伸缩零点位置进行铺设。否则,调节器铺设时,应调整基本轨组装位置,使其处于伸缩预留量位置,其计算公式如下:

$$\Delta = W - \frac{W_{max} + W_{min}}{2} \quad (11.3\text{-}1)$$

式中:$\Delta$——基本轨预留伸缩量(mm);$\Delta>0$时,基本轨伸出;$\Delta<0$时,基本轨缩进;

$W$——调节器铺轨时的梁缝宽度(mm);

$W_{max}$——冬季梁缝宽度最大值(mm);

$W_{min}$——夏季梁缝宽度最小值(mm)。

在焊联前,应将抬枕装置③号枕至基本轨始端范围内的扣件全部松开,按上面公式确定并设置调节器基本轨预留伸缩量后,再焊联。焊联后再安装轨撑或弹条并按规定扭矩拧紧螺母,钢轨焊接接头应打磨平整,见图11.3-12。

图 11.3-12　焊联完成后的抬枕装置与调节器

## 11.4 钢轨焊接及无缝线路施工与控制要点

为避免工序干扰,在单向某区间轨通后,使用移动焊轨机进行钢轨接头现场焊接,焊接时先将25m待焊轨根据设计要求焊接成一定长度的单元轨。再按照设计锁定轨温要求,结合现场实际轨温在条件具备的情况下,适时进行长钢轨放散锁定,以区间为单位,进行单元轨放散锁定。

焊接设备应在焊轨前三个月进场安装调试,钢轨焊接接头形式检验及焊接参数调整在焊轨前完成。

### 11.4.1 概述

钢轨焊接采用移动闪光焊,焊接设备进场后,进行相关的工艺试验,确定焊轨参数,对焊机设备进行检查,检查无问题后,将移动式焊轨车,按线路铺轨完成情况安排焊轨施工。钢轨焊接施工工艺流程如图11.4-1所示。

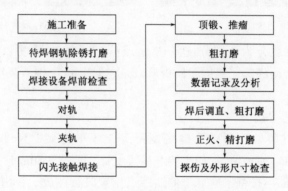

图11.4-1 钢轨焊接施工工艺流程图

### 11.4.2 施工工艺

为缩短工期,提高钢轨焊接质量的稳定性,本标段钢轨焊接采用接触焊,焊接设备进场后,要进行相关的工艺试验,确定焊轨参数,对焊机主机、附机、水冷却系统、液压系统、制冷系统、供电系统等进行检查。检查无问题后,将接触焊机组装移动式焊轨车,然后依次进行本标段正线左、右线钢轨焊接作业。

1)焊接试验及参数确定

焊接设备进场后,进行焊接形式试验及焊缝落锤试验,合格后方可进行焊轨。焊轨过程中为保持焊接参数的稳定,进行周期检验,确保焊轨质量。

2)焊前钢轨检查

在焊轨车进入现场前,提前对钢轨外观尺寸、外观质量逐根进行检查,对有弯曲的钢轨进行调直处理,使钢轨在全长范围内轨头和侧面平面直顺,不允许硬弯、弯曲和扭转,钢轨两端1m范围内垂直面及平面不直度不大于0.5mm,大于0.5mm的钢轨重新锯轨,冷却后重新测量。对达到标准的钢轨进行全面探伤检查,对合格的钢轨进行轨端除锈处理和打磨。

3) 钢轨端头除锈打磨

钢轨接头焊接前,将待焊钢轨扣件松开,拆除接头夹板及部分配件,顶升钢轨,放置滚筒和垫木,对待焊钢轨端头及焊轨机钳口部位与钢轨接触处的端面,采用电动砂轮机进行除锈、打磨,打磨深度不超过母材 0.2mm,钢轨端部 600mm 范围内有出厂标志的,需打磨至与轨腰平齐,不出现任何凸出,防止损伤钳口。

对焊接钢轨端面用宽座角尺和塞尺进行垂直度检查,凡超过 0.5mm 的采用钢轨端面打磨机进行打磨,直至符合要求。

4) 对轨调整与钢轨焊接

钢轨面及钳口部位打磨符合要求后,方可进行焊轨作业。先在滚筒上进行对轨并调整高低和方向,使焊缝对正焊轨机钳口中心位置,用刀口尺检查两钢轨左右或高低错牙均不能超过 0.5mm,否则重新进行对位。确认钢轨对中后,启动液压系统进行夹轨,随后激活数据采集系统,进入焊接程序,依次经过预热、闪光、烧化、和顶锻四个阶段后进行保压推瘤作业完成焊轨工序。

焊接结束后,立即启动液压系统,迅速除去推瘤焊渣,并对焊机各部位和接头进行检查,同时清理焊机内部和钳口。如果钢轨与钳口接触处有电击伤,则判定该焊头为不合格,需切掉重焊;同时对钳口进行处理,直至换钳口,方可再焊。

合格的焊头根据数据采集系统的屏显号码统一进行编号,对相关数据进行收集、整理,同时加以分析、存档。

5) 粗打磨

采用砂轮机对焊缝及轨头顶面、侧面、轨底进行打磨;打磨轨头时,平直度在焊缝两侧 1m 范围内基本符合 0~0.5mm(以钢轨作业边为基准)。

焊缝踏面部位热态时呈 0.5~1mm 的上拱量,在常温下不能打亏;轨底上表面两侧各 150mm 范围内及距离两侧底角边缘各为 35mm 范围内打磨平整,用砂轮顺向打磨凸出量。将轨底焊瘤打磨至与轨底平齐。

6) 焊头正火

正火时,焊头温度降至 500℃ 以下,然后利用氧气—乙炔加热器将焊缝加热,轨头加热至表面温度不高于 950℃,轨底脚加热至表面温度不高于 830℃,再自然冷却。正火过程中严格控制温度,杜绝病害的产生。正火温度采用红外测温仪控制,并做好正火记录。

7) 钢轨调直、精细打磨

正火完毕后,温度降低至 300℃ 以下时,对钢轨进行调直处理,要求使用一米刀口尺检查时:水平方向工作边的不平直度不大于 0.5mm,垂直方向的不平直度不大于 0.5mm,拱量限制在 0.5~1mm 范围内。

焊头冷却至常温后,采用仿形钢轨打磨机进行精细打磨,进刀量不超过 0.2mm,打磨机沿钢轨纵向往复移动,待无火花时,再适当给进刀量;打磨机从轨顶逐渐向轨头侧面摆动,直至完成对钢轨轮廓的仿形打磨。局部不平整处用扁平挫或细砂皮纸进行纵向打磨。打磨时不出现横向痕迹,打磨面平整有光泽。打磨完成后,用 1m 直尺进行测量:钢轨焊头轨顶面不直度不大于 0.3mm,轨头内侧工作面不直度不大于 0.3mm,轨底不直度不大于 1mm。

8) 钢轨焊头超声波探伤

每个焊接接头经超声波探伤，判定不合格的焊缝锯开重焊。探伤前将焊缝处轨温降低到50℃以下，在打磨过的钢轨轨底、轨腰、轨头上均匀涂抹探伤耦合剂，然后用超声波探伤仪进行探伤检查，不合格的焊头要锯断、重新焊接。

9) 外观检查

用1m直靠尺和塞尺对经探伤合格的焊头踏面、工作边及轨底进行检查，平直度符合要求，不符合要求的重新进行修磨或锯掉重焊。

10) 安装扣件恢复线路

上述工序完成后，将焊轨前松解或拆除的扣配件全部依次安装、紧固完成，经检查符合要求后，开通线路依次进行下一工序循环作业。

### 11.4.3 技术措施

钢轨进场后采用龙门起重机卸车，水平存放堆码，并对照"合格证"检查进场钢轨的钢种、型号；检查钢轨外观有无硬弯、扭曲、裂纹、毛刺、折叠、重皮、夹渣、结疤、划痕、碰伤等缺陷；对钢轨批次、炉号、长度进行记录；对于存在缺陷的钢轨，对其缺陷种类及部位、尺寸、进场日期等内容进行登记，缺陷超标的钢轨不得使用。

焊接钢轨前编制配轨表，进行选配轨，配轨时将钢轨的断面尺寸、不对称的分别标识，根据标识相互调配，避免焊接接头出现不对称，提高接头焊接质量和整体平直度。在正式焊接前，按规定进行型式试验，确定焊接工艺参数。当采用新轨型、新钢种及调试工艺参数和周期性生产检验结果不合格时，进行型式检验以保证钢轨焊接质量。接触焊接前，先对钢轨端头两端400mm范围内进行打磨，焊接时按照焊接工艺及参数进行焊接作业，焊接结束后，对焊缝进行风冷处理，待温度降至50℃左右时，焊机通过。

焊接后对焊缝进行打磨，保证焊缝两侧各500mm范围内的轨顶面及内侧工作面的直线度为0.3mm/m；轨底凸出量不超过1mm；母材打磨深度不大于0.2mm。焊头采用超声波探伤检查，不符合质量要求的焊头，锯开重焊。

### 11.4.4 无缝线路放散和锁定施工

1) 概述

为保证长钢轨应力放散均匀及锁定轨温准确，在设计锁定轨温范围内，采用"滚筒放散法"进行单元轨节放散锁定的施工方案。无缝线路施工工艺流程如图11.4-2所示。

在放散锁定前，按设计要求设置位移观测桩，并根据轨温变化规律，合理选定施工时间及计划锁定轨温，确保锁定轨温记录准确。放散锁定时，根据轨温条件，采用"滚筒放散法"进行施工，施工时先将第一段单元轨节应力放散，并在设计锁定轨温范围内予以锁定，再将第二段单元轨节与上一段单元轨节进行焊接，然后进行应力放散并依次锁定单元轨节，形成无缝线路。

本工程无缝线路的设计锁定轨温为25℃±5℃。

2) 施工工艺

轨温处于设计锁定轨温范围内时，采用"滚筒放散法"放散。作业时先把需要放散应力的长轨条扣件拆除,然后抬起钢轨,放上滚筒,将钢轨落在滚筒上,当实际轨温在设计锁定轨温范围内,在拉伸前做好位移观测标记,拉伸放散后,撞轨器撞击长轨条数次,使长轨条自由伸缩,使应力符合要求后,撤滚筒、紧扣件、进行锁定。

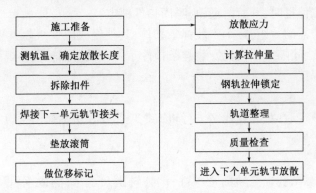

图 11.4-2　无缝线路施工工艺流程图

然后在设计的锁定轨温范围内,把需要放散应力的长钢轨接头松开,并拆除扣件用起道机抬起钢轨,放上滚筒,将钢轨落在滚筒上,撞击长钢轨数次,使长钢轨基本上达到自由伸缩。当轨温达到锁定标准时,即撤滚筒、紧扣件、进行锁定。

(1) 拆除扣件

每 2 人配合,负责 50m 单侧钢轨扣件的拆除和安装,在所负责范围内使用专用工具从始端向末端顺序拆卸。弹条、轨距挡板摆放在钢轨两侧的枕肩上,轨距挡板按号码摆放正确。

(2) 焊接下一单元轨节接头

扣件拆除后,进行下一单元轨节接头焊接。

(3) 垫放滚筒

用起道机将钢轨抬起,每隔 12~15m 垫放一个滚筒,保证钢轨目视平顺。检查轨下橡胶垫板有无破损及其上有无石屑。有破损及时更换,有石屑及时清理,确保锁定后轨道质量。

(4) 做位移标记

长轨条始、终端及距两端头 100m 处各做一个、长轨条中心位置做一个,每对长轨条共计 5 个钢轨位移观测标记,位移观测标记清晰、准确、耐久。

(5) 放散应力

在长钢轨三分之一长度处各安装一台撞轨器,两台撞轨器同时撞轨协助放散,直至钢轨伸长出现反弹现象,即判定钢轨达到零应力状态。

(6) 计算拉伸量

钢轨放散至零应力状态后,根据设计锁定轨温和实际锁定轨温之差计算出钢轨拉伸量:

$$\Delta_L = aL(T_s - T_{sj}) \tag{11.4-1}$$

式中:$a$——钢轨线膨胀系数,$a = 0.0118$;

$L$——钢轨长度(m);

$T_s$——钢轨的设计锁定轨温(℃);

$T_{sj}$——钢轨的实际轨温(℃)。

(7) 钢轨拉伸锁定

准确计算钢轨拉伸量后,采用钢轨拉伸器和撞轨器联合作用,进行钢轨拉伸锁定。拉伸时,各位移观测标记点观测人员向始端技术人员报位移量,确保钢轨拉伸量均匀,呈线性变化。当始端拉伸到计算拉伸量时,开始落钢轨,紧固扣件锁定。

在靠近钢轨拉伸器的一组,逐个安装弹条扣件,其他组先隔5根轨枕安装一对扣件,然后分别按间隔2根轨枕、间隔1根轨枕安装弹条扣件。同时设置钢轨位移观测标记,开始进行单元轨节始端的锁定焊接。

(8) 轨道整理

单元轨节放散锁定后,对无缝线路进行轨道整理作业。包括撤出钢轨下部滚筒,紧固单元轨节扣件等。

(9) 质量检查

整修打磨不平顺焊缝,提高轨面平顺性;调整轨距及水平;测取钢轨爬行量,符合锁定轨温;进行无缝线路轨道质量检查。

3) 技术措施

应力放散前,每隔100m设一个位移观测标记,观测放散时的钢轨位移量,保证应力放散均匀。单元轨节放散锁定时,将与其相连的已经放散锁定的单元轨节30m范围扣件解除,一同进行放散,避免在焊头处出现应力集中。

锁定轨温及长轨节始端、终端落槽时的轨温均应在设计的温度范围内;左右两股长轨条的锁定轨温相差不超过3℃,曲线外侧钢轨锁定轨温不高于曲线内侧钢轨的锁定轨温。同一设计锁定轨温的钢轨最高与最低锁定轨温之差不大于10℃。

# 参 考 文 献

[1] 中国铁建大桥工程局集团有限公司.鹅公岩轨道大桥施工组织设计[D].2016.
[2] 上海市政工程设计研究总院(集团)有限公司,重庆市勘测院.鹅公岩轨道大桥施工监控报告[R].2019.
[3] 中铁十五局集团有限公司.鹅公岩大桥平曲线区段大位移梁端伸缩装置与钢轨伸缩调节器一体化设计与研究[R].2019.

# 索 引

## B
步履式顶推　Walking type jacking …… 61
步履式起重机架梁　Walking crane frame beam …… 81

## D
大循环牵引系统法　Large circulation traction system method …… 87
吊索张拉　The sling tensioning …… 108

## G
钢-混凝土结合围堰　Steel-concrete combined cofferdam …… 12
钢箱梁节段　Steel box girder section …… 26
钢混结合段　Steel-concrete composite section …… 48
钢箱梁装载加固　Steel box girder loading and reinforcement …… 31
钢导梁辅助顶推　Steel guide beam assisted jacking …… 61
轨道大桥　Railway bridge …… 1

## J
劲性骨架　Stiff skeleton …… 20
接引平台　Lead platform …… 54
紧缆　Taut wire …… 5

## L
临时斜拉结构　Temporary cable-stayed structure …… 34
临时钢扣塔　Temporary steel buckle tower …… 35
临时斜拉索　Temporary stay cables …… 5
临时斜拉索卸荷　Temporary stay cables unloading …… 108

## M
锚固段支架　Anchor bracket …… 7
锚跨合龙　Anchor span closure …… 58
猫道　Catwalk …… 91

## S
三纵一横法　Three vertical and one horizontal method …… 28
索股横移　Strand traversing …… 99
索股整形入鞍　The cord strands are rearranged into the saddle …… 99
索股垂度调整　Adjustment of cord perpendicularity …… 100
施工控制　Construction control …… 115
砂筒　Sand cylinder …… 49

## X

先斜拉后悬索　Tile first and then suspension ······················· 3
斜拉扣挂法　Cable pull method ····························· 7
斜拉-悬索耦合模型　Coupling model of cable-stayed suspension ········· 8
斜拉-悬索体系转换　Cable stay-suspension system conversion ·········· 6
先堰后桩　First cofferdam and then pile founndation ················ 12

## Y

液压爬模　Hydraulic climbing form ····························· 18

## Z

自锚式悬索桥　Self-anchored suspension bridge ···················· 1
主索鞍顶推　Top push of main rope saddle ······················ 10
主缆索股牵引　Main cable strand traction ························ 96

# 鸣谢 Mingxie

"重庆鹅公岩轨道大桥大跨径自锚式悬索桥建造关键技术丛书"由重庆市轨道交通(集团)有限公司和中国铁建投资集团有限公司牵头负责编撰,众多单位参与了丛书部分内容的编写或提供相关资料,在此一并表示感谢!同时感谢编审委员会和编写委员会各位同仁的辛勤付出!

1. 参与丛书编撰的单位有(排名不分先后):
上海市政工程设计研究总院(集团)有限公司
林同棪国际工程咨询(中国)有限公司
中国铁建大桥工程局集团有限公司
中铁十五局集团路桥建设有限公司
重庆交通大学
中铁建重庆轨道环线建设有限公司
重庆育才工程咨询监理有限公司
铁科院(北京)工程咨询有限公司
上海市隧道工程轨道交通设计研究院

2. 提供相关资料的单位有(排名不分先后):
重庆市住房和城乡建设委员会
重庆大学
上海交通大学
同济大学
西南交通大学
中南大学
武汉工程大学
重庆市勘测院
招商局重庆交通科研设计院有限公司